Biblioteca TEXTOS FUNDAMENTAIS

Impresso no Brasil, outubro de 2013

Copyright © 2013 by Victoria Saramago

Os direitos desta edição pertencem a
É Realizações Editora, Livraria e Distribuidora Ltda.
Caixa Postal 45321 – CEP 04010-970 – São Paulo – SP
Telefax (5511) 5572-5363
e@erealizacoes.com.br/www.erealizacoes.com.br

Editor
Edson Manoel de Oliveira Filho

Coordenador da Biblioteca Textos Fundamentais
João Cezar de Castro Rocha

Produção editorial
Liliana Cruz

Preparação
Patrizia Zagni

Revisão
Cecília Madarás

Capa e projeto gráfico
Mauricio Nisi Gonçalves

Diagramação
André Cavalcante Gimenez

Pré-impressão e impressão
Edições Loyola

Reservados todos os direitos desta obra.
Proibida toda e qualquer reprodução desta edição por qualquer meio ou forma, seja ela eletrônica ou mecânica, fotocópia, gravação ou qualquer outro meio de reprodução, sem permissão expressa do editor.

Biblioteca **TEXTOS FUNDAMENTAIS**

Victoria Saramago

O Filho Eterno
O duplo do pai: o filho e a ficção de Cristovão Tezza

Realizações Editora

SUMÁRIO

7 | Agradecimentos

   | Capítulo 1
10 1. Infância
11 2. Juventude
15 3. Casamento, família e início da carreira
16 4. Professor e escritor
18 5. *O Filho Eterno*
22 6. Produção posterior

   | Capítulo 2
26 1. Primeiros trabalhos
28 2. *Ensaio da Paixão*
31 3. *Trapo*
34 4. *Aventuras Provisórias*
35 5. *Juliano Pavollini*
38 6. *A Suavidade do Vento*
40 7. *O Fantasma da Infância*
42 8. *Uma Noite em Curitiba*
43 9. *Breve Espaço entre Cor e Sombra*
46 10. *O Fotógrafo*
48 11. *Um Erro Emocional*
51 12. *Beatriz*
53 13. *O Espírito da Prosa: Uma Autobiografia Literária*
55 14. Didáticos e teóricos
57 15. Conclusão

| Capítulo 3
59 1. "Brutalmente autobiográfico"
71 2. Ficção contemporânea
78 3. O conjunto da obra

| Capítulo 4
86 1. O enredo
93 2. *O Filho Eterno* como *Bildungsroman*
103 3. Anos 70: diretos e livres
114 4. O duplo
126 5. Considerações finais

131 | Passagens ilustrativas da obra

| Leituras de aprofundamento
153 1. Sobre *O Filho Eterno* e a obra de Tezza
155 2. Sobre os temas abordados

Agradecimentos

Como seria inviável enumerar aqui todas as pessoas a quem devo um alegre e sincero "muito obrigada", limito-me a agradecer a quatro nomes cujo auxílio foi fundamental. Em primeiro lugar, a Cristovão Tezza, sempre disposto a responder tanto a perguntas avulsas quanto a questionários mais longos, por seu interesse, pelas conversas, por sua leitura e seus comentários, e pelo excelente material bibliográfico que disponibilizou para pesquisa. Em segundo lugar, a Marília Librandi Rocha, pela grande ajuda na concepção e estruturação do livro, pela leitura atenta e pelos comentários. Por fim, a Dau Bastos e a Hector Hoyos, também pela leitura e pelos excelentes comentários.

1

"Nessas longas e elaboradas hipóteses a que nos entregamos na leitura [ficcional], a condição humana é colocada à prova e testada em seus limites, para que, voltando ao mundo comezinho dos fatos, a dura realidade sem moldura em que vivemos soltos e livres, mas cujo fim sempre desconhecemos, possa ganhar alguma alternativa, alguns duplos invisíveis, mas poderosos, que nos iluminem e enriqueçam."[1] Com essas palavras, Cristovão Tezza fecha seu ensaio "Literatura e Biografia", apresentado em julho de 2008 no XI Congresso Internacional da Associação Brasileira de Literatura Comparada (Abralic), e, ao mesmo tempo, coloca um desafio ao presente capítulo: o de traçar a biografia de um autor em um estudo dedicado a um romance que, como é o caso de *O Filho Eterno*, criou um duplo ficcional quase visível, por estar baseado na própria biografia do autor. Sem a intenção de criar um outro duplo – o biográfico – que viesse a competir com a matéria do romance – ou, ainda pior, que procurasse desmenti-la ou consertá-la em suas incongruências

---

[1] Cristovão Tezza, "Literatura e Biografia". XI Congresso Internacional da Abralic. São Paulo, USP, jul. 2008. Disponível em: http://www.cristovaotezza.com.br/textos/p_palestras.htm.

para com o factual –, o presente capítulo propõe iluminar (mas decerto não enriquecer) alguns momentos relevantes da vida de Tezza.

1. *Infância*

Talvez não tão poderoso quanto o romance *O Filho Eterno* seja o duplo presente na crônica "O Duplo", publicada por Tezza no Caderno Ilustríssima da *Folha de S.Paulo*, em 12 de junho de 2011. No centro da coluna há uma fotografia antiga, em que o menino Tezza observa a câmera, ao lado da mãe e das irmãs, e sobre a qual o autor faz a ressalva de que "tanto tempo depois, não consigo mais ver o fotógrafo. O menino olha para mim, interrogativo. O espaço se perdeu, o tempo se apagou. Não lembro nada".[2] A legenda da fotografia, "Lages, 1955", tanto informa o local onde Tezza nasceu e viveu seus primeiros anos, a pequena cidade de Lages (SC), quanto sugere sua idade na época: tendo nascido em 1952, ele contaria com apenas três anos na fotografia.

O texto, que se abre com uma descrição do menino "de boina, lutando contra o sol, pés cortados, mãos tímidas",[3] ainda que se concentre na visão atual do autor sobre as figuras na fotografia, fornece outros dados sobre sua infância. O mais

---
[2] Idem, "O Duplo". *Folha de S.Paulo*, São Paulo, jun. 2011, p. 9.
[3] Ibidem.

marcante é provavelmente a morte do pai, "45 meses depois, num acidente inverossímil de lambreta a poucos metros da fotografia".[4] O evento, ocorrido em 1959, resultaria na mudança da família para Curitiba em 1961, cidade que seria o cenário de praticamente todos os seus romances.

Também emblemática é a última frase do texto: "O pai não está lá, mas foi preciso que isso se transformasse em verdade para que o menino que hoje contemplo entrasse na história e absorvesse enfim o poder irredimível do tempo".[5] Voltaremos a ela na seção 4 do capítulo 4. Notemos por ora os claros ecos de *O Filho Eterno*, em que o personagem do pai levanta precisamente problemas como a "entrada na história" que o filho não seria capaz de realizar, ou o "poder irredimível do tempo", apreendido no momento da revelação da síndrome de Down do filho.

2. Juventude

Anos depois da mudança para Curitiba, outros acontecimentos mencionados em *O Filho Eterno* teriam lugar. Os que abordaremos aqui, segundo Tezza, "faziam parte do mesmo 'pacote existencial' que assumi na minha passagem para a vida adulta".[6]

---
[4] Ibidem.
[5] Ibidem.
[6] Informação concedida por e-mail à autora em agosto de 2011. Exceto quando indicado, as citações deste capítulo pertencem a este documento.

O primeiro deles é a entrada em 1968 no grupo teatral Centro Capela de Artes Populares (Cecap), dirigido por Wilson Rio Apa, no qual Tezza permaneceria até 1977. Ainda em 1968, participaria da primeira peça de Denise Stoklos e, no ano seguinte, de duas montagens do grupo XPTO, dirigido por Ari Pára-Raio.

No Cecap, que influenciou profundamente a juventude do autor, Rio Apa teve uma função próxima à de um mentor existencial e inspiraria o personagem Isaías, do romance *Ensaio da Paixão* (1986). Posteriormente, o trabalho de Rio Apa e do Cecap seriam ainda objeto da dissertação de mestrado de Tezza, "*Os Vivos e os Mortos*, de W. Rio Apa: Visão de Mundo e Linguagem", defendida em 1987 na Universidade Federal de Santa Catarina (UFSC), e do ensaio "W. Rio Apa: As Trilhas da Utopia", publicado em 1998, na *Revista Letras*, da Universidade Federal do Paraná (UFPR), no qual argumenta que "a marca registrada da visão de mundo de W. Rio Apa será entender a atividade artística como parte integrante e inseparável da própria vida; metaforicamente, podemos dizer que seu sonho, desde então, foi fazer da própria existência uma obra de arte".[7]

Assim, sua motivação para participar do grupo, que, segundo ele, era a de "viver uma vida que

---

[7] Idem, "W. Rio Apa: As Trilhas da Utopia". *Revista Letras*, Curitiba, n. 50, jul./dez. 1998, p. 59-71. Disponível em: http://www.cristovaotezza.com.br/textos/resenhas/p_98_revletras.htm.

eu considerava mais 'autêntica' e transformadora", está também afinada com essa visão, bem como com sua entrada em 1971 na Escola de Formação de Oficiais da Marinha Mercante, no Rio de Janeiro, após concluir o Ensino Médio na Escola Estadual do Paraná no ano anterior. Essa segunda experiência também foi inspirada por Rio Apa, que, como informa o próprio Tezza, fora da Marinha Mercante. Em suas palavras, "eu achava que ser oficial da Marinha seria uma profissão ideal para mim, que me daria a sobrevivência, tempo para escrever e conhecimento do mundo. E havia também o exemplo maravilhoso de Joseph Conrad". Sua passagem pela rigidez militar da escola, entretanto, não foi muito prolongada e terminou no mesmo ano.

A relojoaria, por fim, era "uma atividade que começou como *hobby*", mas levou o autor a fazer um curso por correspondência, com o intuito de se tornar relojoeiro. "Abri uma relojoaria em Antonina, litoral do Paraná", diz ele, "pretendendo viver um sonho campestre de escritor". E conclui: "É claro que o projeto fracassou".

Já os planos de sair do Brasil e conhecer outras partes do mundo, embutidos na tentativa de se integrar à Marinha Mercante, viriam a se concretizar em dezembro de 1974, quando, por meio de um convênio luso-brasileiro, Tezza conseguiu uma vaga no curso de Letras da Universidade de Coimbra. Mesmo tendo de cobrir os próprios gastos, o autor conseguiu a passagem e 400 dólares com a família, e resolveu arriscar. Encontrou "um Portugal turbulento pela Revolução dos Cravos, acontecida poucos meses antes" e a universidade fechada para os calouros.

A viagem se dividiu, então, em três etapas. A primeira delas, segundo o autor, "foi um período de pouquíssimo dinheiro e muita leitura. Eu dormia até duas da tarde e passava as noites em claro. Escrevi os contos de *A Cidade Inventada*. Passei uma imensa solidão". Já a segunda foi uma viagem à Suíça, em abril e maio de 1975, com paradas em Bordeaux, Lyon e Genebra, na tentativa mal-sucedida de conseguir um emprego lá, que levaria ao seu retorno a Coimbra, por Barcelona, Madri e Salamanca.

A terceira etapa, mais extensamente descrita em *O Filho Eterno*, foi um período de aproximadamente dois meses em que o autor foi direto a Frankfurt, pedindo dinheiro emprestado para chegar lá, e trabalhou principalmente no Hospital das Clínicas, com outros trabalhos avulsos. Segundo ele, "limpava restaurantes, final de construção, um hospital de uma universidade próxima de Frankfurt. Tudo ilegal: no final do dia, recebia o envelope com os marcos. Pagavam em geral sete marcos a hora, o que era muito". Com isso, acumulou um bom dinheiro e, ao mesmo tempo, viu de perto a situação de "guetos enormes de trabalhadores braçais", imigrantes sem "absolutamente nenhuma interação com a vida alemã".

3. Casamento, família e início da carreira

De volta ao Brasil, casou-se em 1977 com Elizabeth Maria de Almeida Tezza, com quem teria Felipe de Almeida Tezza, nascido em novembro de 1980, e Ana de Almeida Tezza, nascida em dezembro de 1982. Todos inspiraram personagens relevantes em *O Filho Eterno*, sendo Felipe o filho aludido no título e um dos protagonistas.

Ainda em 1977, comprou sua primeira máquina fotográfica, uma Olympus Trip, que marcou o início de um forte e duradouro interesse por fotografia, até hoje um de seus principais *hobbies*. Como afirmaria em entrevista a Paula Picarelli em 2009, para o programa *Entrelinhas*, "a fotografia para mim é um jogo, uma maneira de fazer companhia quando você anda sozinho em uma cidade".[8]

Já no início da década de 1980 e fim da de 1970, suas primeiras obras começaram a ser publicadas. Inicialmente, o juvenil *Gran Circo das Américas* (1979) e, em seguida, os contos de *A Cidade Inventada* (1980) e o romance *O Terrorista Lírico* (1981). Simultaneamente, escrevia *Ensaio da Paixão*, romance inspirado por sua experiência com o Cecap, e o livro que o personagem do pai em *O Filho Eterno* estava escrevendo quando Felipe nasceu.

Em 1984, dois anos após o nascimento de Ana e recém-formado em Letras pela UFPR, Tezza

---

[8] Disponível em: http://www.youtube.com/watch?v=50c1nRLutdo.

tornou-se professor auxiliar de Língua Portuguesa na UFSC, onde também iniciara o mestrado em Literatura Brasileira um ano antes. Durante o tempo em que ocupou o cargo, Tezza viveu fisicamente afastado de sua família, que permaneceu em Curitiba. Como informa, "fiquei sozinho em Florianópolis. Às vezes eu ia a Curitiba, às vezes a Beth descia com as crianças".

A estadia em Florianópolis, entretanto, não duraria muito: em 1986, Tezza foi admitido como professor de Língua Portuguesa na UFPR e retornou a Curitiba. Desde então, não voltou a viver por períodos mais extensos em outras cidades. Este seria também o ano de publicação de *Ensaio da Paixão* e, no ano seguinte, obteria o título de mestre em Literatura Brasileira, orientado por Édison José da Costa, com a já referida dissertação.

4. *Professor e escritor*

Se os últimos anos haviam sido propícios à atividade acadêmica, em 1988 a faceta de escritor de Tezza ganhou outra dimensão, com o surgimento de *Trapo*, romance que lhe daria projeção nacional. Sobre a relação professor-escritor, Tezza afirmou em entrevista a Rafael Urban: "É complicada. É esquizofrênica. Não dou aulas de Literatura, mas de Língua Portuguesa".[9] A partir de então, estando

---

[9] Idem, "O Romancista do Paraná". *Revista Entrelinha*, Curitiba, n. 20, abr. 2006. Entrevista concedida a Rafael

a vida estabilizada com a família em Curitiba, a vida financeira estabilizada com o emprego na universidade e, ademais, com o mercado editorial, a crítica e o público cada vez mais atentos a seus trabalhos, seguiu-se uma série de romances: *Aventuras Provisórias* (1987), segundo lugar na categoria "novela" do Prêmio Petrobrás de Literatura Brasileira no mesmo ano; *Juliano Pavollini* (1989); *A Suavidade do Vento* (1991); *O Fantasma da Infância* (1994); *Uma Noite em Curitiba* (1995); *Breve Espaço entre Cor e Sombra* (1998), vencedor do Prêmio Machado de Assis da Biblioteca Nacional do Rio de Janeiro (melhor romance do ano); uma versão modificada de *Ensaio da Paixão* (1999); e *O Fotógrafo* (2004), ganhador do Prêmio Academia Brasileira de Letras 2005 de melhor romance do ano e do Prêmio Bravo! de melhor obra. Se desde *Juliano Pavollini* Tezza vinha publicando pela Record, com *Breve Espaço entre Cor e Sombra* passou à Rocco, voltando à Record em 2006, que iniciaria o relançamento de sua obra.

Paralelamente, a carreira acadêmica também tomava fôlego. Segundo Tezza, "desde que eu passei a escrever resenhas na *Folha de S.Paulo* [...], comecei igualmente a ser convidado para eventos, feiras, mesas-redondas. Muito disso corria por conta da Universidade, convites acadêmicos. Eram ainda convites esporádicos, mas fui de certa

---

Urban. Disponível em: http://entreduasvistas.blogspot.com/2007/10/o-romancista-do-paran.html.

forma 'marcando território', saindo da província curitibana e aparecendo no eixo Rio-São Paulo. Isso foi se ampliando ano a ano". É interessante o fato de que a difusão de seu trabalho teórico e a demanda por sua produção ficcional por vezes parecem haver caminhado juntas, uma realimentando a outra. O romancista Tezza poderia ser convidado para eventos que abririam as portas a convites para o teórico Tezza, e vice-versa. Sua tese de doutorado no programa de Literatura Brasileira, defendida na Universidade de São Paulo em 2002 e intitulada *Entre a Prosa e a Poesia: Bakhtin e o Formalismo Russo*, foi publicada pela Editora Rocco no mesmo ano e obteve excelente recepção da crítica, com elogios de críticos como Boris Schnaiderman e Wilson Martins.

Somem-se a isso as resenhas e os artigos para jornais, publicados com certa regularidade desde 1995. Atualmente, suas contribuições são mais escassas, mas a coluna na *Gazeta do Povo*, às terças-feiras, ainda se mantém. Já para a *Folha de S. Paulo* contribuiu, entre 2009 e 2010, com uma coluna quinzenal no "Rodapé Literário". Nos últimos anos, publicou eventualmente na *Folha de S. Paulo* e, com menos frequência, no *Estado de S. Paulo* e na revista *Veja*.

5. O Filho Eterno

Nesse sentido, a possibilidade de recusar trabalhos não relacionados à produção ficcional se concretizou com a gigantesca repercussão obtida com *O Filho Eterno*, publicado em 2007. De fato, além de ter vendido mais de 30 mil exemplares até meados de 2010,[10] a obra venceu os principais prêmios do país, entre os quais o Prêmio da Associação Paulista dos Críticos de Arte (APCA) de melhor obra de ficção do ano, em 2007; em 2008, o Prêmio Jabuti de melhor romance, o Prêmio Bravo! de melhor obra, o Prêmio Portugal-Telecom de Literatura em Língua Portuguesa (1º lugar) e o Prêmio São Paulo de Literatura, como melhor livro do ano. Já em 2009 lhe foi concedido o Prêmio Zaffari & Bourbon, da Jornada Literária de Passo Fundo, como o melhor livro dos últimos dois anos, e foi considerado pelo jornal *O Globo* uma das dez melhores obras de ficção da década.

Tal sucesso no Brasil reverberaria também no exterior, com traduções para o francês (*Le Fils du Printemps*, Éditions Métailiè, 2009, tradução de Sébastien Roy); para o holandês (*Eeuwig Kind*, Contact Publishers, 2009, tradução de Arie Pos); para o italiano (*Bambino per Sempre*, Ed. Sperling & Kupfer, 2008, tradução de Maria Baiocchi); para o catalão (*El Fill Etern*, Club Editor, 2009, tradução de Josep Domènec Ponsatí); e para o inglês, na Austrália e na Nova Zelândia (*The Eternal*

---

[10] Blog da *Gazeta do Povo*, Curitiba, 20/07/2010. Disponível em: http://www.gazetadopovo.com.br/blog/blogdocadernog/index.phtml?mes=201007.

Son, Scribe Publications, 2010, tradução de Alison Entrekin); além da edição lusitana, pela editora Gradiva em 2008.

Há ainda a adaptação teatral do romance, que estreou no Centro Cultural Oi Futuro sob a forma de um monólogo pela Cia. dos Atores de Laura, em 2011, com direção de Daniel Herz e atuação de Charles Fricks. Ademais, os direitos da obra para a adaptação cinematográfica foram vendidos à RT Features.[11]

Por fim, o sucesso e os prêmios conquistados pelo romance permitiram a Tezza desligar-se da universidade e da vida acadêmica em 2009, optando por dedicar seu tempo exclusivamente à ficção. Como ele mesmo atesta,

> A ideia de sair da universidade surgiu de fato no momento em que entrei nela, em 1986. No meu delírio de escritor completamente desconhecido, eu estava apenas "ganhando tempo" para me dedicar exclusivamente à literatura. Mas é claro que os vinte e tantos anos que passei dando aulas foram muito produtivos e úteis para mim. Quando meu projeto acadêmico de fato se esgotou, resolvi me arriscar e sair, amparado bastante no sucesso de *O Filho Eterno*. Acho que tomei a decisão certa.

Nesse cenário, não deixa de ser curioso pensar a trajetória do livro em relação à do personagem

---
[11] Ibidem.

do pai – e, de certa maneira, do próprio Tezza. Sabemos que um dos maiores desejos do pai era tornar-se um escritor reconhecido, que pudesse tirar o próprio sustento de suas obras e abrir mão de outros trabalhos. Ao mesmo tempo, o nascimento do filho e a descoberta da síndrome representaram, durante décadas, um afastamento desse projeto, uma vez que, como veremos no capítulo 4, tais eventos traziam consigo uma necessidade de o pai se dedicar ao sustento – tanto emocional quanto financeiro – da família. Por uma feliz ironia, foi precisamente a escrita de todas essas dificuldades, a criação do "duplo invisível, porém poderoso", que permitiu a Tezza realizar o que o personagem do pai sempre almejou. Ou seja, independente das distinções entre literatura e biografia propostas pelo autor no ensaio citado na abertura deste capítulo, a biografia de Tezza, redimensionada na ficção, resultou na realização dos "sonhos juvenis" tanto do autor quanto, no âmbito ficcional, do pai no romance. Avaliando esse impacto em sua vida, o romancista comenta "que é um livro muito forte, que me marcou para sempre, não tenho dúvida. Isso não depende da minha vontade. *O Filho Eterno* teve um enorme impacto no panorama literário brasileiro, não só pela enxurrada de prêmios como pela resposta dos leitores. Isso não me incomoda. Pelo contrário, esse fato ajudou a me libertar da universidade e redesenhar minha vida para deixá-la mais parecida com meus sonhos juvenis".

6. Produção posterior

Como a passagem anteriormente citada deixa implícito, a grande acolhida de *O Filho Eterno* apenas potencializou aquilo que Tezza define como sua vida de escritor: "Escrever um livro depois do outro". É assim que, ao terminar *O Filho Eterno*, segundo ele, "passei a escrever contos; um dos contos cresceu para se tornar o romance *Um Erro Emocional*". Publicado em 2010, *Um Erro Emocional*, como sustenta o autor, "retoma algumas linhas básicas do que eu já escrevia desde *Breve Espaço entre Cor e Sombra*", mas também se situa em um momento posterior a *O Filho Eterno* do ponto de vista da técnica literária: "*O Filho Eterno*, na verdade, me abriu portas literárias mesmo – a complexidade do narrador do livro, por exemplo, ampliou significativamente a minha técnica literária".

Para concluir, algumas das futuras obras de Tezza já estão em processo de formação. Em primeiro lugar, a publicação da antologia de contos *Beatriz*, publicada pela Record em 2011. Como Tezza colocou, um dos contos que compõem esse livro se alongou a ponto de se transformar em *Um Erro Emocional*, e a Beatriz aludida no título da antologia seria a mesma que protagoniza o referido romance. Para os anos seguintes, o autor está escrevendo "um livro sobre a prosa romanesca. Mas desconfio que está se tornando uma 'autobiografia teórica'".[12] Em termos de ficção, afirma ter em mente "um romance que vai se chamar *O Professor*, que será meu melhor trabalho, ou pelo menos o mais ambicioso. Mas por enquanto só tenho uma página escrita dele, e estou esperando um ou dois anos para retomar o projeto". Enquanto essa obra ainda não aparece, e antes de entrar em um estudo mais aprofundado de *O Filho Eterno*, examinemos, no próximo capítulo, cada um de seus livros.

---

[12] Efetivamente publicada em 2012, também pela Record, com o título de *O Espírito da Prosa: Uma Autobiografia Literária*.

2

Como veremos neste capítulo, as obras de Cristovão Tezza compõem um conjunto extenso e bastante diverso em seus temas e personagens, ainda que tanto uns quanto outros reapareçam ao longo de vários textos e sejam trabalhados de maneiras distintas. Motivos e figuras como a morte do pai, o duplo, o jovem em formação, o professor de português e reflexões sobre a criação artística (incluindo outras artes além da literatura, como as artes plásticas e o teatro), por exemplo, são recorrentes. O mesmo se dá com certos personagens – Juliano Pavollini, Izolda e Pablo, para mencionar alguns nomes – que atravessam mais de um romance, eventualmente mudando da condição de protagonistas para coadjuvantes e vice-versa.

Tal diversidade está distribuída em quatorze volumes de ficção, sendo um juvenil, um de contos e doze romances, publicados ao longo de aproximadamente trinta anos, de 1979 a 2010. E, como vimos no fim do capítulo anterior, novas obras estão previstas para os próximos anos. Ademais, Tezza possui obras didáticas, um estudo acerca do teórico russo Mikhail Bakhtin e uma autobiografia literária.

O propósito deste capítulo, assim, é revisitar cada obra de Tezza – tanto as ficcionais quanto as de não ficção –, apresentá-la brevemente e destacar pontos relevantes para a sua leitura e para uma reflexão geral sobre a criação literária do autor, na qual o romance *O Filho Eterno* será posteriormente contextualizado.

1. Primeiros trabalhos

Entre 1979 e 1981, Tezza publicou suas primeiras três obras, pertencentes a gêneros distintos: o juvenil *Gran Circo das Américas* (Brasiliense, 1979), o livro de contos *A Cidade Inventada* (CooEditora, 1980) e o romance *O Terrorista Lírico* (Criar, 1981). Não apenas permanecem esgotados e desprovidos de qualquer interesse do autor em reeditá-los, como este afirma comprar todos os exemplares que eventualmente encontra em sebos, em um esforço de retirar de fato as obras de circulação.[1]

Contudo, tais obras podem lançar luz sobre interessantes aspectos dos livros posteriores de Tezza. Em primeiro lugar, é possível notar neste momento uma certa pesquisa de gêneros que não viria a se repetir até então, visto que o autor, apesar dos contos espalhados em jornais, revistas e antologias, só viria utilizar o formato do romance para publicar seus volumes de ficção. Ainda que ele mesmo

---

[1] Informação cedida por Tezza em conversa com a autora, no Rio de Janeiro, em dezembro de 2010. Comentários semelhantes podem ser encontrados em entrevistas.

declare que "sempre tive um sonho de escrever um bom livro de contos. Como eu não tenho mais imaginação para escrever contos, às vezes fico vampirizando meus próprios contos. Quando uma revista me pede para escrever um conto, eu vou ao *A Cidade Inventada*, pego um, reescrevo, dou uma burilada e solto".[2]

Com efeito, *A Cidade Inventada* propõe já muitos temas que viriam a ser novamente abordados pelo autor. O livro se divide em quatro partes. A primeira, "A Cidade", não traz ainda, ao contrário do que o título sugere, a cidade de Curitiba como o cenário emblemático das obras futuras. Não obstante, temas como o da prostituta que conduz o garoto ao prostíbulo e lhe apresenta a vida adulta, bem como a estrutura do texto em atos, à maneira de uma peça teatral, já se manifestam. Já a segunda parte, "Os Amantes", concentra-se em variações em torno da temática amorosa, que vão do conflito entre o amor genuíno e a rigidez do casamento convencional aos homens de muitas amantes. A terceira parte, "As Crianças", apresenta, de forma semelhante à primeira, temas futuramente explorados, como o da morte do pai – cujo conto "A Primeira Noite em Liberdade" seria também publicado separadamente em 1994 pela Fundação Cultural de

---

[2] Cristovão Tezza, "O Romancista do Paraná". *Revista Entrelinha*, Curitiba, n. 20, abr. 2006. Entrevista concedida a Rafael Urban. Disponível em: http://entreduasvistas.blogspot.com/2007/10/o-romancista-do-paran.html.

Curitiba & Ócios do Ofício Editora – e, em formato de contos de fadas, o da rainha caprichosa e idolatrada. A quarta parte, por fim, intitula-se "Os Sábios" e traz uma série de reflexões metalinguísticas sobre a literatura e a criação artística em sentido amplo. Pois assim se abre o conto homônimo ao livro, "A Cidade Inventada": "no alto da sua torre, a leitura de um manuscrito antigo inspirou-o; o mundo não é suficientemente bom, necessário inventar outro. Começaria por uma cidade".[3] Em tom de narrativa bíblica, o conto trata da criação do que seria o mundo por um deus aparentemente judaico-cristão e, ao mesmo tempo, angustiado com os rumos de sua própria criação, abrangendo aí sua relação com os seres humanos. É curioso notar como este será também o mote para a abertura de seu romance seguinte, *Ensaio da Paixão*.

2. Ensaio da Paixão

Publicado pela primeira vez em 1986, o romance *Ensaio da Paixão* (Criar/FCC) é considerado por Tezza seu primeiro livro quase maduro,[4] e definido em *O Filho Eterno* como aquele em que o pai "passará a limpo a sua vida. [...] É um livro

---

[3] Idem, "A Cidade Inventada". In: *A Cidade Inventada*. Curitiba, CooEditora, 1979, p. 111.

[4] Informação cedida por Tezza em conversa com a autora em Curitiba, em julho de 2011.

alegre, ele supõe",⁵ sendo, aliás, o livro que estava escrevendo quando Felipe nasceu. Ainda que não fosse a obra que projetaria o autor nacionalmente, funcionaria como um relato de fôlego sobre a contracultura e as gerações dos anos de 1960 e 1970, e trabalharia, na ficção, muito do que o próprio Tezza viu e viveu durante o período em que integrou o grupo de teatro experimental liderado por Wilson Rio Apa em Antonina, no litoral do Paraná.⁶

Como seria relativamente frequente na obra de Tezza, o teatro é um elemento estruturador de *Ensaio da Paixão*. O enredo se organiza em torno de uma encenação da Paixão de Cristo realizada anualmente em uma ilha paradisíaca e pouco povoada no litoral sul do Brasil, da qual participam pessoas, quase todas jovens, de diversas procedências geográficas e sociais. Todas atuarão para um público composto de poucos pescadores que vivem na ilha e suas famílias, sob a direção de Isaías, um pseudoprofeta que vive retirado na ilha e que, após uma discussão violenta com Deus, declara, ecoando os motivos do conto "A Cidade Inventada": "O Senhor não passa de um velho estúpido e cego, insensível ao mundo dos homens! Pois fique aí, no seu paraíso morto, enquanto eu recrio a vida na terra".⁷

---

⁵ Cristovão Tezza, *O Filho Eterno*. 2. ed. Rio de Janeiro, Record, 2008, p. 16.

⁶ Conforme informado por Tezza (1998) em "W. Rio Apa: as Trilhas da Utopia".

⁷ Cristovão Tezza, *Ensaio da Paixão*. 2. ed. Rio de Janeiro, Rocco, 1999, p. 14.

O resultado do desafio do profeta é uma grande celebração das bandeiras da juventude da época. Fumando maconha, bebendo vinho, fazendo amor livremente, tocando violão e organizando festas, discutindo arte e política, acampando ou compartilhando palmo a palmo uma casa abarrotada, os personagens compõem um autêntico romance de geração, até mesmo pela intervenção militar que vai fechando cerco à ilha e vencendo, com a característica truculência, a resistência de que foram capazes seus ocupantes. Seguindo o clima do livro, a prosa integra gírias, onomatopeias, frases em caixa alta e expressões da época, que se manteriam na profunda revisão empreendida pelo autor na segunda edição da obra pela editora Rocco, em 1999 – quase vinte anos depois, portanto.

Interessante ainda é o fato de que *Ensaio da Paixão* traz todo um catálogo de personagens que reapareceriam em outros romances, dos mais próximos aos mais distantes daquele ano de 1980. É o caso, por exemplo, do aventureiro Pablo, cuja relação amorosa problemática com Carmem seria desdobrada em *Aventuras Provisórias* (1989); da estudante de jornalismo Míriam, que reapareceria entrevistando o Matozo de *A Suavidade do Vento* (1991); ou Lídia, a futura mãe de família desiludida, de *O Fotógrafo* (2004); ou, ainda, a Beatriz e o Paulo Donetti, de *Um Erro Emocional* (2010) e *Beatriz* (2011), cujo último conto trata precisamente da trama do romance de 2010. Ademais, há os personagens que não aparecem com o mesmo nome e as mesmas características, mas que parecem inspirar personagens futuros, como o pintor Miro, que guarda semelhanças com o Tato, de *Breve Espaço entre Cor e Sombra* (1998); ou o empresário e literalmente vampiro Maurício Fontes, semelhante à "vampira" do romance anteriormente citado, sendo ambos os vampiros curiosamente interessados em comprar obras de arte; de maneira semelhante, o conflito entre poesia acadêmica e poesia marginal, presente nas discussões entre Barros e Enéas, reapareceria, em contexto diverso, entre o professor Manuel e o poeta Trapo no romance *Trapo* (1988), a ser abordado agora.

3. Trapo

Como foi dito, a primeira edição de *Trapo* saiu em 1988, pela editora Brasiliense. Ou seja, era o primeiro romance adulto de Tezza publicado por uma editora de alcance nacional, e foi efetivamente este o livro que lhe deu visibilidade no restante do país, ainda que, ironicamente, o posfácio, assinado por Paulo Leminski, fosse em muitos aspectos desfavorável. É possível que Leminski tenha identificado sua própria figura na do personagem do poeta Trapo, cujo nome seria inclusive Paulo, ainda que, segundo o próprio Tezza, a homonímia tenha sido mera coincidência.[8]

---

[8] Informações cedidas por Tezza em conversa com a autora em Curitiba, em julho de 2011.

Trapo seria um poeta marginal, de origens abastadas, mas que preferiu viver fora da alta sociedade e teria se suicidado após anos de uma intensa e heterogênea produção de poemas, cartas e outros textos, paralela ao consumo de drogas, às noites em claro e ao namoro com Rosana, moça de família rica e aparentemente louca. Izolda, a dona da pensão onde vivia Trapo, inconformada com o possível ostracismo em que cairia a obra do poeta, leva seus escritos ao metódico e tradicional professor de português Manuel que, segundo afirma Izolda, seria capaz de divulgar e estudar a obra de Trapo.

A princípio, como rapidamente perceberá o leitor, Manuel seria um dos indivíduos menos indicados para levar adiante o espólio de Trapo. Em sua opinião, "é espantosa a arrogância do garoto, de se meter a revolucionar a poesia com tanto mau gosto, métrica coxa, vocabulário limitado e humor escatológico. Uma tragédia. Não se trata simplesmente de falta de respeito com a história da literatura, mas de desconhecimento puro e simples".[9]

A sucessão de comentários do mesmo teor, porém progressivamente favoráveis ao poeta, à medida que o próprio professor Manuel vai se deixando influenciar pela inebriante atmosfera de Trapo — posta lado a lado com as supostas transcrições de poemas, cartas e anotações —, vai

---

[9] Cristovão Tezza, *Trapo*. 7. ed. Rio de Janeiro, Record, 2007, p. 63.

desenvolvendo aquele que seria um tema frequente na obra de Tezza: a tensão entre a normatividade da língua e as pressões de um cânone academicista, e as necessárias liberdades e ousadias pressupostas na criação artística.

Outro aspecto recorrente em sua obra – e no momento pós-moderno em que se insere, diga-se de passagem[10] – é o motivo do livro dentro do livro. Afinal, o romance que Manuel decide escrever sobre a vida de Trapo, a julgar pelo início transcrito no romance e idêntico às primeiras frases do próprio romance, é precisamente o romance *Trapo*, ou seja, o livro narraria a história de sua própria escrita.

Por fim, notemos que a discussão acerca das diferenças entre a prosa e a poesia, implicada nos métodos de criação distintos de Trapo e Manuel e nos contrastes entre seus discursos, sugere já as reflexões sobre os dois gêneros que seria um dos tópicos centrais da obra teórica de Tezza, sobretudo no que concerne às ideias de Bakhtin sobre o assunto. Cabe notar, portanto, que Tezza já parecia interessado no assunto mesmo antes de teorizar oficialmente a seu respeito.

---

[10] Para uma boa discussão do uso da metaficção na pós-modernidade e em relação a trabalhos de Tezza anteriores a *O Filho Eterno*, sugiro a leitura do artigo de Veronica Daniel Kobs, "A Metaficção e seus Paradoxos: Da Desconstrução à Reconstrução do Mundo Real/Ficcional e das Convenções Literárias", Scripta Uniandrade, n. 4, 2006, p. 27-43.

4. Aventuras Provisórias

Com *Aventuras Provisórias* (Mercado Aberto, 1989, e edição consideravelmente revisada pela Record, 2007), Tezza faz um interessante movimento em sua obra, que já introduzirá aspectos importantes acerca do personagem do pai em *O Filho Eterno*. Refiro-me a uma revisão da década de 1970, isto é, da adolescência e da juventude do autor e de sua experiência com a contracultura. Neste romance, dois personagens amigos são postos lado a lado, e o enredo vai traçando as trajetórias de cada um, em seus pontos de afastamento e de contato.

O primeiro é Pablo, presente já em *Ensaio da Paixão*. Homem áspero e de vontades imperativas, Pablo fora preso na ditadura, e no início do romance está recém-liberto e disposto a reconstruir sua vida em uma pequena comunidade hippie ao lado de Carmem – também oriunda do romance de 1986. Já o outro, João, assume o papel de narrador e também o de um burguês acanhado que, apesar de eficiente nos negócios, sente um misto de desejo e repulsa pela vida de Pablo, ao mesmo tempo que enfrenta dificuldades de construir para si a vida que consideraria ideal.

Na comparação, alusiva ao poeta tal como definido por Baudelaire, que se desenvolverá ao longo da trama, João afirma que Pablo conservava "uma puta dignidade, uma grandeza imanente e trêmula, que só os olhos da infância conseguem ver. Enquanto passei a vida juntando mesquinhamente os cacos do chão, Pablo manteve-se uma ave enorme e desengonçada buscando um pouso".[11] Nesse sentido e ainda reverberando a reflexão sobre prosa e poesia introduzida em *Trapo*, é interessante notar que Pablo seja aproximado à figura do poeta, enquanto a João é reservada a do prosador.

Outro viés de comparação seria o daqueles que vivem e o dos que escrevem, a ser desenvolvida em *A Suavidade do Vento*, como veremos. Pois João, já no romance aqui abordado, afirma: "Parece que a tragédia nos escolheu desde o início – escolheu Pablo para vivê-la e a mim para relatá-la".[12] Pois a ironia da trama é precisamente a de que, ainda que Pablo seja descrito em termos inegavelmente mais heroicos que João, aquele depende deste em diversos níveis, inclusive o financeiro, e toda a ajuda a ele fornecida não o impede de terminar em uma situação evidentemente menos favorável que a de João. Nesse sentido, Pablo se aproxima do próximo personagem a ser abordado, Juliano Pavollini.

5. Juliano Pavollini

Juliano Pavollini (Record, 1989), obra que marca a estreia de Tezza na Editora Record, aglutina muitos dos temas até então recorrentes nas

---

[11] Cristovão Tezza, *Aventuras Provisórias*. 2. ed. Rio de Janeiro, Record, 2007, p. 8.
[12] Ibidem, p. 96.

outras obras, mas lhes dá uma tonalidade distinta. O primeiro deles é o da morte do pai, com o qual a trama se abre. Diferente dos contos, em que o protagonista não parece muito consciente do evento, mas semelhante a "O Duplo" e ecoando a força irrevogável do termo *para sempre* em *O Filho Eterno*, o narrador Juliano sustenta que "não havia dor, nesse primeiro instante. Era um vazio que se apoderava de mim, de nós, da casa inteira, em um segundo – *e para sempre*".[13]

Juliano, entretanto, nunca fora exatamente afeito ao pai, e sua morte lhe proporciona a ocasião para fugir de casa. Possível futuro delinquente juvenil, conhece, no ônibus que o conduziria da pequena vila no interior a Curitiba, a cafetina Isabela, que o levaria para viver no prostíbulo e o adotaria primeiro como falso sobrinho e, posteriormente, como amante. Transparecem aí o formato do *Bildungsroman*, que veremos também em *O Filho Eterno* na seção 2 do capítulo 4; o tema do homem trancado no quarto, como nos contos sobre a morte do pai e em *O Fantasma da Infância*; o motivo do adolescente ingênuo entre as prostitutas, como no conto de abertura de *A Cidade Inventada* e em *Um Erro Emocional*; e o da mulher perigosa e potencialmente violenta em *Breve Espaço entre Cor e Sombra* e, de certa forma, em *Uma Noite em Curitiba*. O próprio personagem de

---

[13] Idem, *Juliano Pavollini*. 4. ed. Rio de Janeiro, Record, 2010, p. 17. Grifos do autor.

Juliano, bem como o de Odair, reaparecerão em *O Fantasma da Infância* e o protagonizarão.

Um dos traços mais interessantes de *Juliano Pavollini* é provavelmente o de que, a despeito dos inúmeros pontos de contato com outras obras, em nenhuma delas o autor criou com tanta consistência um certo tom lúdico, por vezes quase paródico de contos de fadas, histórias folclóricas e romances britânicos como *Oliver Twist*. Pois Juliano, leitor voraz, compara abertamente sua história à do personagem de Charles Dickens, João e Maria e Pinóquio, entre outros, além de contar sua história como se eventualmente ele mesmo os fosse. É assim, por exemplo, que são descritos os personagens de Lorde Rude e Isabela: "Nem me lembrei de Lorde Rude, do interesse escuso, do homem mau, do Stromboli a vender crianças que se transformam em burros. Sequer aventei que posição ele ocupava no Palácio da Rainha, que nem precisava perguntar ao espelho oval qual a mulher mais linda do Reino. Era ela, é claro, minha Isabela".[14]

Tais referências, contudo, dão o tom de uma história que pouco tem de conto de fadas: em suas peripécias – pequenos crimes, amores adolescentes e, por fim, o assassinato de sua protetora –, Juliano termina na cadeia, de onde escreve sua história para a psicóloga Clara, tecendo eventualmente comentários sobre sua leitora que influem em seu

---

[14] Ibidem, p. 40.

próprio ato de escrever. Essa consciência e reflexão sobre a escrita será um dos pontos centrais de seu próximo romance, *A Suavidade do Vento*.

6. A Suavidade do Vento

Se em outros livros Tezza já vinha empreendendo uma reflexão sobre o próprio ato de narrar, em poucas obras esse movimento se dá de forma tão explícita quanto em *A Suavidade do Vento* (Record, 1991, e em edição consideravelmente revisada pela Rocco, 2003). Vejamos, em etapas, como isso ocorre.

As subdivisões do romance seguem uma estrutura teatral: temos um prólogo, um primeiro ato, um entreato, um segundo ato e uma cortina. O prólogo e a cortina narram a chegada e a partida dos personagens e do próprio narrador a um lugar deserto onde se dará a história, após viajarem em um ônibus dirigido pelo narrador. Os personagens se assemelham ao vento, sendo descritos como "figuras incompletas: um bando trôpego de vento",[15] e vão aos poucos adquirindo feições mais nítidas.

O primeiro e o segundo atos, bem como o entreato, ocupam-se do que se poderia considerar a trama principal. Em uma pequena e poeirenta cidade do interior do Paraná, quase na divisa

---

[15] Idem, *A Suavidade do Vento*. 2. ed. Rio de Janeiro, Rocco, 2003, p. 9.

com o Paraguai, o professor de português Josilei Maria Matozo, um homem de meia-idade e atributos de senhor, tímido, virgem, adepto do *I Ching* e progressivamente alcoólatra, dedica cinco anos de sua vida à escrita do livro que, seguindo uma consulta ao oráculo chinês, intitulará precisamente *A Suavidade do Vento*. O recurso ao livro dentro do livro, portanto, expande as fronteiras metaficcionais deste romance, ao deixar sugerido que o livro escrito por Matozo poderia vir a ser o próprio romance que o leitor tem em mãos. Contudo, tal sugestão teria de se basear em uma perspectiva verdadeiramente oracular para se revelar congruente. Afinal, a história narrada é a do processo de publicação de *A Suavidade do Vento* por uma obscura editora paulista, o impacto bastante negativo das fracas reverberações do livro na pequena cidade onde Matozo vive, resultando em um prejuízo de sua *persona* pública – sem que isso gere qualquer interesse coletivo pelo livro –, até a negação pública da autoria por parte de Matozo, expondo de forma tristemente irônica a quase impossibilidade de publicar e ser bem-sucedido em sua inócua situação social.

Ao fim dessa trama, a cortina cai e com ela os personagens reaparecem, lado a lado e descontextualizados, para que o narrador surja novamente em cena. O curioso aqui é a avaliação que faz de cada personagem e a dinâmica distinta dos personagens como atores que já não estão atuando. Nesse ponto, sua definição como um "bando felliniano de gentes"[16] aproxima a população da cidade do *Amarcord*, de Fellini, apontado por Tezza como seu filme preferido.[17] Outro traço significativo é a discrepância entre as vozes do narrador e a do personagem no discurso indireto livre, que voltaremos a ver em O Filho Eterno na seção 3 do capítulo 4, pois o narrador agora revela sobre Míriam: "Uma menina *realmente* bonita, a que eu escrevi; Matozo não percebeu".[18]

7. O Fantasma da Infância

Em termos formais, O Fantasma da Infância (Record, 1994) é certamente um dos livros mais experimentais de Tezza. E é também aqui que o tema do duplo tem uma de suas mais ricas presenças na obra do autor e será um aspecto relevante de O Filho Eterno, como veremos na seção 4 do capítulo 4. De um lado, o personagem Odair funciona como duplo de André Devinne; de outro, a própria trama segue uma linha dupla, isto é, há duas tramas intercaladas. Pensemos o problema com mais detalhes.

André Devinne, como fica evidente em inúmeras passagens, é ninguém menos que Juliano

---

[16] Ibidem, p. 208.
[17] Idem, "O Romancista do Paraná". *Revista Entrelinha*, Curitiba, n. 20, abr. 2006. Entrevista concedida a Rafael Urban. Disponível em: http://entreduasvistas.blogspot.com/2007/10/o-romancista-do-paran.html.
[18] Idem, *A Suavidade do Vento*, op. cit., p. 209.

Pavollini. Anos depois e fora da prisão, Juliano adota o nome falso em questão, torna-se um advogado bem-sucedido e abastado, casa-se com Laura e tem a filha, Júlia. Se Juliano já manifestava claras tendências ao escamoteamento de sua identidade, André Devinne esconde plenamente seu passado dos que integram sua vida atual. É por isso que a chegada de Odair, velho companheiro de roubos e outros delitos, e sempre desprezado por Juliano por sua inépcia e deslealdade, causa tantos transtornos à vida de André. Empenhado em impedir que Odair denuncie seu passado e ponha sua vida a perder, André aceita suas chantagens e seus pedidos abusivos até que um limite seja atingido. Nos pensamentos de André, *"encolhimento* – como se só agora, diante de Laura, ele percebesse na carne, nos arrepios da miséria, o tamanho da Desgraça que a só presença dele [de Odair] ali representava. Uma confrontação difícil – Juliano engolir o velho fantasma dando-lhe comida na boca, um fantasma que finge aceitar as regras do jogo".[19]

A trama paralela é a de um também André Devinne, anos depois, sem Laura e sem dinheiro, que aceita a obscura proposta de um empresário desonesto para escrever um livro. Mantido em cativeiro e obrigado a enfrentar os longos discursos do doutor Cid, ao mesmo tempo que vive uma tensão

---

[19] Idem, *O Fantasma da Infância*. 2. ed. Rio de Janeiro, Record, 2007, p. 28 (grifos do autor).

emocional e sexual com a secretária Vera, André vai narrando a história do outro André Devinne.

A multiplicidade de pontos de vista – pois a esses dois focos narrativos se somam as entradas de Laura em seu diário –, bem como o intercalamento e a duplicação de nomes, contrastam com a simplicidade narrativa de *O Filho Eterno* e ao mesmo tempo expõem uma das tentativas mais radicais de Tezza de trabalhar uma diversidade de discursos e perspectivas. É este, portanto, um exemplo significativo do projeto fortemente dialógico empreendido por Tezza.

8. Uma Noite em Curitiba

Com *Uma Noite em Curitiba* (Rocco, 1995), Tezza retoma um formato que viria a ser não predominante, mas frequente em sua prosa: o epistolar. *Trapo* já estava em grande medida baseado nas cartas do poeta a Rosana, e *Breve Espaço entre Cor e Sombra* viria a trazer as cartas da italiana de modo a iluminar não apenas um ponto do passado de Tato, mas a origem da cabeça falsa de Modigliani.

Em *Uma Noite em Curitiba*, as cartas em questão pertencem ao professor universitário e historiador Frederico Rennon e são dirigidas à famosa atriz Sara Donovan, com que Frederico tivera uma rápida, porém marcante, relação décadas antes. Quem as encontra, salvas nos arquivos do computador de Frederico, é seu filho, um rapaz de história problemática que decide organizá-las e com elas escrever um livro. Seu motivo declarado é ganhar dinheiro, mas o que de fato empreende é uma verdadeira busca pelo passado do pai e pelas razões que o levaram progressivamente a abrir mão da família, do trabalho e da reputação sóbria e respeitável para se entregar a uma paixão violenta e aventureira que culminaria em seu desaparecimento.

A trama se constrói a partir das cartas de Frederico e da narração do filho, que as comenta e tece comentários cáusticos, para não dizer abertamente cruéis, a respeito de seu pai. Se esse tom mais amargo, raro nos primeiros romances, já vinha tomando corpo em *O Fantasma da Infância*, no romance em questão toma proporções maiores. Por exemplo, quando Frederico deixa a casa para seguir a atriz, o filho comenta: "E nunca mais tive notícia do professor Frederico Rennon – mas, infelizmente, isso é antes um desejo do que uma verdade".[20] Com efeito, esse tom mais sombrio e amargurado se estenderia por seu romance seguinte, *Breve Espaço entre Cor e Sombra*.

9. Breve Espaço entre Cor e Sombra

Se até então o teatro era a arte mais frequentemente inserida nos romances de Tezza, *Breve Espaço entre Cor e Sombra* (Rocco, 1998) centra-se na pintura. Ainda que o número de focos

---

[20] Idem, *Uma Noite em Curitiba*. Rio de Janeiro, Rocco, 1995, p. 155.

narrativos seja mais restrito, a quantidade de conceitos e reflexões abarcados torna complexo o enredo de maneira distinta do ocorrido nos dois últimos romances, aproximando-o de um romance de ideias.

No enterro do ex-mentor Aníbal Marsotti, com quem mantinha uma conflitiva e desigual amizade, o pintor em início de carreira Tato Simonne conhece, simultaneamente, o *marchand* Richard Constantin, poderoso, porém conhecido por falsificações e negócios escusos, e a mulher simplesmente identificada como "vampira", também uma negociante de arte e amante do falecido pintor. Às voltas com os misteriosos propósitos por trás das tentativas de aproximação empreendidos por Constantin e pela vampira, com o repetido arrombamento e devassa de sua casa, com as cartas de uma italiana apaixonada e desiludida, e com a insegurança em relação à própria obra sempre prestes a resvalar em uma crise criativa, Tato vai se embrenhando em uma trama de tons policiais que culminará com o roubo, na casa de Constantin, de uma cabeça falsa de Modigliani, a pedido de sua mãe, a quem a cabeça pertencera, bem como à italiana e seu ex-marido.

Lado a lado com o suspense da narrativa, vão-se construindo diversas discussões sobre a pintura, suas diferenças em relação à literatura, a imagem do artista e a atividade criativa. Os capítulos dedicados aos quadros de Tato, por exemplo, ultrapassam muito o caráter descritivo e formam verdadeiras narrações dos personagens que compõem o quadro. Assim, a mobilidade temporal da literatura é contrastada com a espacialidade da pintura, em um eco do *Laocoonte*,[21] de G. E. Lessing, e em uma busca de algo como uma complementação entre ambas as artes. Relevantes, apesar de lugares-comuns, são também as caracterizações que Constantin faz do artista como alguém sem escrúpulos para com a vida, apenas com caráter para sua arte: "Um grande artista é um precário equilíbrio entre a civilização, que se vê na obra, e a selvageria animal que a realiza".[22] Consideremos, ainda e por fim, as divagações de Ariadne, a filha de Constantin, para quem "a literatura é mais bonita, mais intensa, mais exigente. Na literatura, o lixo é imediatamente reconhecível. Não há como confundir Sidney Sheldon com Shakespeare. Já uma sopa Campbell's, com um catálogo competente e olhada de um certo jeito, parece Botticelli".[23] Se o narrador de *O Filho Eterno* viria a expor também suas ideias, no romance em questão a discussão teórica, sempre atribuída aos personagens e nunca assumida pelo narrador, ganha um relevo e uma extensão praticamente inéditos até o momento.

---

[21] Em linhas bastante gerais, Lessing questiona a *Arte Poética* de Horácio para defender, em *Laocoonte*, que a pintura é extensiva ao espaço e a poesia, ao tempo.
[22] Cristovão Tezza, *Breve Espaço entre Cor e Sombra*. Rio de Janeiro, Rocco, 1998, p. 23.
[23] Ibidem, p. 208.

10. O Fotógrafo

Diferentemente de *Breve Espaço entre Cor e Sombra*, em *O Fotógrafo* (Record, 2004) não há muito espaço para longas discussões sobre a arte e o fazer artístico, tampouco para artistas atormentados ou pessoas à margem da sociedade. Os personagens deste romance são, em sua maioria, pessoas comuns: um professor de português, Duarte; uma aluna, professora e candidata a mestranda, Lídia; Rodrigo, seu marido e o fotógrafo que dá título ao livro; Mara, a esposa de Duarte e analista de Íris; e as filhas dos dois casais. As exceções talvez sejam Íris, uma jovem aspirante a modelo que trancou a faculdade e vive à custa de um amante mais velho que a teria "comprado", e Danton, um traficante de pequeno porte que se envolve com Íris.

Firmados esses personagens, e outros secundários, o enredo acompanha as andanças de cada um pelas ruas de Curitiba, seus encontros, as inesperadas linhas que os ligam. Pois o fotógrafo recebera uma proposta obscura de fotografar Íris, o que o leva a passar-se por um falso realizador de um comercial para um shopping center; Lídia e Duarte mantêm uma frágil relação de aluna e professor, sempre prestes a se converter em algo mais profundo, sobretudo quando vão juntos ao cinema; Mara é esposa de Duarte e analista de Íris, o que a liga tanto ao eixo Lídia/Duarte quanto ao Rodrigo/Íris, fechando assim o círculo de relações. O foco narrativo é amplo, alternando-se entre todos os personagens, mesmo os que não teriam, em um primeiro momento, uma posição muito destacada, como é o caso de Mara.

Essa alternância de focos narrativos, aliada a uma forte presença do discurso indireto livre, já bastante presente em outras obras de Tezza, possui em O Fotógrafo uma dinâmica específica. Nesse livro, o mais psicologicamente denso publicado pelo autor até então, é significativo o fato de que, de modo distinto ao das outras obras, não parece haver um compromisso tão marcado com a construção de discursos característicos e verossímeis dos personagens em questão. Em uma prosa de traços mais poéticos, de certa maneira mais afinada com o estilo de Clarice Lispector, Tezza opta por explorar gestos, silêncios, olhares, pequenas sutilezas que não seriam abordadas em seus outros romances.

O curioso é que, ao acompanhar o fluxo dos pensamentos de cada personagem, o narrador atribui aos próprios personagens a capacidade de captar tais sutilezas. Alguns exemplos são, nas palavras de Duarte: "Mesmo gesto, repetido todos os dias, mês a mês, ao longo dos anos, não tem de fato banalidade alguma: o gesto nos essencializa, ele pensou";[24] ou, então, quando Lídia e Duarte se olham e ela pensa: "Algum futuro? – parece que

---

[24] Idem, O Fotógrafo. 2. ed. Rio de Janeiro, Record, 2011, p. 101.

era a pergunta que se faziam como quem não se interessa pela resposta porque a sensação presente é suficientemente acolhedora";[25] ou ainda quando Íris, sozinha em casa, pensa: "Mas era como se finalmente o dia de fato terminasse e amanhã seria melhor ainda, ainda por conta de uma felicidade secreta e inescrutável".[26] Cria-se assim uma espécie de névoa de sensações e reflexões que perpassa todos os personagens, aproxima seus discursos e permanece em *Um Erro Emocional*.

11. Um Erro Emocional

No próximo capítulo, pensaremos o lugar de *O Filho Eterno* no conjunto da obra de Tezza. Por ora, consideremos apenas que se tratou de um romance-chave, não apenas para projetá-lo como um dos indiscutíveis protagonistas da literatura brasileira contemporânea, mas também para introduzir em sua prosa uma série de novas opções narrativas. É de se perguntar, portanto, o que viria o autor a produzir depois da avalanche de *O Filho Eterno*, quais rumos viria a tomar sua prosa.

Um Erro Emocional (Record, 2010) é, em muitos aspectos, um prosseguimento direto da proposta de *O Fotógrafo*. A exploração da dimensão psicológica ganha aqui traços ainda mais acentuados e por vezes toca a técnica do monólogo interior e

---

[25] Ibidem, p. 135.
[26] Ibidem, p. 227.

ensaia algum experimentalismo, com frases extensas e complexas, e capítulos que se encerram com travessões e períodos incompletos. É o que se dá, por exemplo, nas seguintes palavras, focalizando a personagem Beatriz: "Esse é o poder da intimidade, o que não se reparte, o casulo que nos protege, e ela de novo afastou o cálice de vinho: Eu não posso beber, um mínimo gole e –".[27]

A trama possui linhas bastante simples. Paulo Antônio Donetti, um grande escritor, vencedor de diversos prêmios, entre os quais o Jabuti, e já no início de um processo de declínio profissional, conhece por acaso Beatriz, que tivera um relacionamento com Cássio, antigo discípulo e em certa medida rival de Donetti. Ciente de que sua súbita paixão pela moça configuraria um "erro emocional", ainda assim o escritor vai à sua casa e, além de confessar o erro, convida-a a uma função tão lisonjeira quanto desafiadora, que inclui a de digitar seus livros, mas não apenas isso: "Trata-se, digamos, de uma assessoria, eu não sei se é bem essa a palavra [...]. Eu preciso – é isso, essa a palavra – eu preciso de uma *leitora*, no sentido pleno da palavra. – Uma pausa. – Você pode me ler?".[28] Tal qual a Beatriz da *Divina Comédia*, de Dante, a do romance de Tezza é convidada a ser uma espécie de guia do escritor.

---

[27] Idem, *Um Erro Emocional*. Rio de Janeiro, Record, 2010, p. 169.
[28] Ibidem, p. 28.

A trama se desenrola assim ao longo de uma única noite, na qual a tensão sexual entre ambos se alia à tentativa de estabelecer o que seria a colaboração de Beatriz à obra de Donetti e, naturalmente, à tensão do conhecimento, da súbita intimidade entre duas pessoas que, a despeito de pouco se conhecerem, possuem interesses mútuos e distintos uma pela outra. É assim que os relacionamentos amorosos e as questões do passado de ambos são revistos, bem como se revelam suas personalidades, e aqui é interessante que Donetti utilize o termo "erro" para definir sua paixão, pois o caráter de Beatriz está todo formado pelas noções de certo e errado, adequado e inadequado.

Por fim, *Um Erro Emocional*, bem como *O Fotógrafo*, explora a conjuntura política do Brasil de modo peculiar ao que vinha sendo realizado. Se no romance anterior a primeira eleição de Luiz Inácio Lula da Silva à presidência do Brasil é o pano de fundo, no último livro é a chegada de Dilma Rousseff ao mesmo cargo. Também relevante é a discussão racial promovida no romance, sendo Donetti mulato, que chega a abarcar termos como o homem cordial de Sérgio Buarque de Hollanda.

Em outras palavras, a leitura de *Um Erro Emocional* revela uma série de novos caminhos traçados por Tezza, que poderiam vir a ter espaço em sua prosa futura: um maior experimentalismo formal no plano da frase, até então extremamente restrito, uma trama enxuta em detrimento de uma concentração psicológica forte e a abordagem de discussões políticas e sociais.

12. Beatriz

Último livro de ficção lançado pelo autor até o momento, *Beatriz* (Record, 2011) é a segunda incursão de Tezza ao formato do conto, mais de três décadas após a publicação de *A Cidade Inventada*. É essa também a primeira obra ficcional de Tezza em que consta um prólogo à maneira tradicional, no qual o autor tece, fora do texto ficcional, comentários que não apenas expandem e eventualmente explicam algumas de suas opções nas histórias que se seguem. Tal projeto foi aprofundado em *O Espírito da Prosa*, um ensaio autobiográfico-teórico sobre a ficção e a criação ficcional.

A justificativa central exposta no "Prólogo" por Tezza para haver se concentrado na forma do romance ao longo de tantos anos é a de que "um personagem bem construído é imagem preciosa que, pelo olhar da minha limitação, não pode ser desperdiçado em cinco páginas, como se eu fosse um estroina literário".[29] A *mea culpa* do autor, portanto, respalda também o fato de que, à exceção do conto "Viagem", todas as histórias trazem por protagonista – ou coadjuvante importante, como é o caso de "Beatriz e o Escritor" – a personagem

---

[29] Idem, *Beatriz*. Rio de Janeiro, Record, 2011, p. 6.

Beatriz. Revisora de textos, professora particular de português, descendente de poloneses e, aos 28 anos, dona de um casamento fracassado e uma perda traumática dos pais, Beatriz, por seu trabalho *freelancer*, permite a Tezza criar uma espécie de estrutura seriada, na qual cada novo trabalho da personagem funciona como mote para uma nova trama. À maneira das histórias de detetives, em que um mesmo detetive pode resolver diversos casos, cada um deles constituindo um núcleo específico, Beatriz é convocada a participar de situações insólitas, como idosos com segredos guardados por toda uma vida procurando seus serviços como revisora e copista, até senhoras ricas requisitando trabalhos que iriam além de aulas de português para seus filhos. Em outros casos, os contos não se pautam pelo trabalho de Beatriz, mas por eventos de sua vida e por pessoas que encontra ou reencontra.

Outra continuidade significativa é a que ocorre quando os personagens ultrapassam os limites de *Beatriz* e constituem o núcleo de *Um Erro Emocional*. Previsto para ser um dos contos, este romance terminou por tomar dimensões mais extensas e se tornou um livro independente, como esclarece Tezza ainda no prefácio. Com efeito, o primeiro conto, "Beatriz e o Escritor", corresponde ao início do episódio que ocuparia a maior parte de *Um Erro Emocional*, ao mesmo tempo que se abre com um discurso acerca do caráter e das razões dos romancistas que, sutilmente, prolonga e contrapõe-se a muitos dos argumentos expostos no prólogo.

Da mesma maneira, há um constante autocomentário por parte de Beatriz acerca dos eventos que povoam sua vida, como se ela mesma fosse contar ou escrever sua própria história.[30] Todos esses traços tornam *Beatriz* um dos livros mais metaficcionais de Tezza, com uma recorrente discussão do fazer literário correndo paralela aos enredos.

13. O Espírito da Prosa: Uma Autobiografia Literária

No conjunto da obra de Tezza, *O Espírito da Prosa: Uma Autobiografia Literária* (Record, 2012) ocupa um lugar único e ao mesmo tempo bastante coerente. Como o título indica, trata-se de uma autobiografia literária, gênero pouco praticado no Brasil, na qual vêm à tona traços de seus romances, seu trabalho teórico, sua vida e, sobretudo, o modo pelo qual veio conectando todos esses fios ao longo dos anos.

Em certa medida, trata-se de uma obra próxima a *O Filho Eterno*. Pautada por um corte autobiográfico, nela Tezza revisita seus "anos de formação": sua infância, sua passagem pelo grupo de teatro e suas primeiras publicações, entre outros. Tais como em *O Filho Eterno*, esses eventos são evocados à luz de um desenvolvimento

---

[30] Por exemplo, "um homem bonito, ela teria de confessar, quando relatasse a alguém o que houve, ainda que a visão da tatuagem, a cobra lhe agarrando a mão, era um contraponto estranho, e ela iria rir da descrição". Ibidem, p. 87-88.

intelectual e pessoal que dá a tônica de ambos os livros. Contudo, se o romance tratava de um crescimento pessoal mais amplo, do qual o intelectual era apenas uma parte, *O Espírito da Prosa* concentra-se, em linguagem não romanesca, nas ideias do autor acerca da literatura e de sua trajetória literária como leitor e escritor. Entre temas como o realismo, a contracultura e a produção literária na era da internet, há dois que merecem especial atenção.

O primeiro é a figura de Mikhail Bakhtin, que abre o livro e reaparece em vários momentos. A descoberta do autor russo foi para Tezza um divisor de águas, que redefiniu suas ideias sobre a prosa de ficção e marcou tanto sua obra futura quanto sua visão do que já escrevera. É o plurilinguismo bakhtiniano o que estaria no cerne de uma linguagem específica do romance ou o que Tezza chama de "o espírito da prosa". Em outras palavras, é a capacidade da linguagem do romance de ser um ventríloquo de outras linguagens o que gera tanto a multiplicidade de vozes tão pesquisada pelo autor em sua obra fictícia quanto na teórica. É isso o que o leva, por exemplo, a uma reavaliação da prosa brasileira dos anos 1960 e 1970, que não participaria dessa confluência de muitas vozes própria do espírito da prosa e, portanto, não desenvolveria uma linguagem especificamente romanesca.

A outra indagação central gira em torno das razões e motivações que levam alguém a escrever. É claro que Tezza não oferece uma resposta objetiva, apesar de caracterizar o escritor como uma pessoa necessariamente despida de uma felicidade tranquila e desproblematizada, e imbuído de uma angústia para com o mundo que o conduziria à produção literária. Isso se torna evidente à medida que o texto aborda momentos de sua vida e o passo a passo de se tornar escritor.

Assim, de um lado, o livro traz para uma discussão autoral aspectos da obra da Tezza que já se encontravam em sua ficção, porém articulados na linguagem romanesca. De outro, cumpre o importante papel de expandir, no Brasil, a categoria dos romancistas que pensam e escrevem sobre a forma romance para um público não acadêmico.

14. Didáticos e teóricos

Durante os anos em que trabalhou como professor universitário na disciplina de Língua Portuguesa, Tezza publicou, em parceria com o linguista Carlos Alberto Faraco, dois livros didáticos dedicados à produção textual e direcionados ao público discente universitário: *Prática de Texto para Estudantes Universitários* (Vozes, 1992) e *Oficina de Texto* (Vozes, 2003). Trata-se de trabalhos técnicos que abordam desde a estrutura do texto dissertativo até dúvidas gramaticais frequentes. Decerto, ocupam lugar periférico na obra do autor, mas sua menção aqui pode ajudar a iluminar alguns aspectos de sua prosa, como a utilização de um português claro, limpo e preciso, como enfatizaram inúmeros de seus resenhistas.

Sua principal obra não ficcional, porém, é *Entre a Prosa e a Poesia: Bakhtin e o Formalismo Russo* (Rocco, 2002). Originalmente sua tese de doutorado, defendida na Universidade de São Paulo, o estudo traça um panorama da obra de Mikhail Bakhtin e do contexto no qual a produziu, abordando diversos aspectos da escola teórica conhecida como Formalismo Russo. Não obstante, seu foco é a relação, por vezes conflitiva, entre os gêneros prosaico e poético, tais como pensados por Bakhtin. A proposta de Tezza, nesse caso, é repensar a definição monológica de poesia defendida por Bakhtin como algo necessariamente autoritário, antidemocrático e, por consequência, negativo. Em outras palavras, Tezza desmonta o que considera uma avaliação ideológica da poesia e chama a atenção para a legitimidade do poder centralizador da voz poética que, como coloca o autor, está em crise desde o processo de prosificação por que passou ao longo do século XX. Sua conclusão, assim, é a de que "talvez a grande questão poética do novo século que se abre não seja propriamente a crise das formas, ou a crise dos gêneros, ou a crise da linguagem, tomadas em seu sentido composicional – mas, antes de tudo, uma crise axiológica, uma desesperada falta de mitos a quem cantar, convincentemente, a nossa poesia; é a *autoridade poética* que está em crise".[31]

---

[31] Cristovão Tezza, *Entre a Prosa e a Poesia: Bakhtin e o Formalismo Russo*. Rio de Janeiro, Rocco, 2002, p. 288 (grifos do autor).

15. Conclusão

Nesta breve apresentação das obras de Tezza, certamente não houve espaço para abordar muitos de seus aspectos mais relevantes e certas nuances específicas de cada livro. No entanto, procurei pôr em evidência a longa e multifacetada pesquisa de discursos variados e personagens extremamente diversos que Tezza veio empreendendo ao longo dos anos. Nesse sentido, é significativa sua opção por especializar-se na obra de Bakhtin, pois a filosofia do teórico russo, segundo ele, seria "uma filosofia que desse conta da multiplicidade da vida, em vez de fechar num ângulo só. [E acrescenta que] a minha literatura, de certa forma, tem esse traço. Existe nela uma multiplicidade de pontos de vista em que um olhar ilumina o outro. Praticamente todos os meus livros têm essa duplicidade dos pontos de vista. Não sei explicar bem o porquê, mas foi uma coisa que foi amadurecendo no meu trabalho".[32]

Examinemos, no próximo capítulo, como se articularia *O Filho Eterno* nesse traço fundamental de seus outros romances.

---

[32] Idem, "O Romancista do Paraná". *Revista Entrelinha*, Curitiba, n. 20, abr. 2006. Entrevista concedida a Rafael Urban. Disponível em: http://entreduasvistas.blogspot.com/2007/10/o-romancista-do-paran.html.

3

1. *"Brutalmente autobiográfico"*

COMO VIMOS NO CAPÍTULO 1, O PESO E A CONSTÂNCIA dos elementos autobiográficos situam *O Filho Eterno* em um terreno incerto entre o romance e a autobiografia. Com efeito, certas afirmações do próprio autor poderiam aproximá-lo de uma leitura pelo viés autobiográfico: ao declarar em entrevista, por exemplo, que "este livro é o que eu chamo de brutalmente biográfico",[1] Tezza estaria sugerindo, a princípio, que o livro é tão intensamente comprometido com o dado biográfico que não se nega sequer a abordar seus aspectos mais impactantes. Tal interpretação, contudo, é imediatamente descartada na mesma entrevista, quando o autor sustenta categoricamente que o livro não é uma biografia nem uma autobiografia, e sim uma obra de estrutura romanesca. Mas o que seria entendido, nesse caso, por "brutalmente biográfico"?

Vejamos o que diz Tezza em outra entrevista: "Quando decidi escrever um romance, e não um

---

[1] Cristovão Tezza, entrevista ao programa televisivo *Caxola*. Disponível em: http://www.youtube.com/watch?v=49L T1cdm4ds&feature=related.

ensaio ou uma 'confissão', a dimensão de 'verdade biográfica' perdeu completamente a importância. Usei a mim mesmo, e aspectos da história da minha vida e do meu filho, com aquela 'amoralidade' bruta do escritor atrás de um bom material romanesco, venha lá de onde venha".[2]

Além da reiteração da ficcionalidade da obra, realizada inúmeras vezes em distintas entrevistas, com essas palavras o autor retoma precisamente aquilo que denomina o caráter "brutal" de seu texto, porém com a significativa diferença de que, aqui, tal termo justifica o aproveitamento de temas difíceis para a elaboração do discurso ficcional. Ou seja, o que estaria em questão não seria o compromisso com o fato, mas sim uma radicalização do compromisso com a ficção tão intensa que chegaria ao ponto de se apropriar indiscriminadamente de alguns dos aspectos mais delicados da vida do autor para que o romance pudesse ser composto.

Essa é a posição de Tezza sobre *O Filho Eterno* e será por ele exposta de diversas formas nas muitas entrevistas que concedeu. Se houver autobiografia no livro, ela se deverá ao fato de que, como aponta Miguel Sanches Neto, "toda escrita literária é, assim, essencialmente autobiográfica, ainda quando fala de coisas e pessoas distantes de seu criador – pois mesmo aí ele se revela ao projetar-se em outra

---

[2] Idem, entrevista concedida a Irinêo Netto. *Gazeta do Povo*, Curitiba, ago. 2007. Disponível em: http://www.cristovaotezza.com.br/critica/ficcao/f_filho eterno/p_03_gazetadopovo05ago07.htm.

circunstância".³ Trata-se de algo muito distinto da biografia compreendida não nesse sentido amplo, mas em sua acepção estrita, isto é, como um compromisso com o fato ao qual não se impõem preocupações relativas ao estilo e à construção do enredo – consequentemente, não há um comprometimento com uma "estrutura romanesca" pautada pela seletividade de momentos dotados de tensão e significado.⁴ No caso de O Filho Eterno,

---

[3] Miguel Sanches Neto, "Felipe". *Gazeta do Povo*, Curitiba, ago. 2011. Disponível em: http://www.cristovaotezza. com.br/critica/ficcao/f_filhoeterno/p_08_gazetado povo21ago07.htm.

[4] Assim argumenta Tezza na entrevista anteriormente mencionada. Em entrevista ao *Jornal Expresso*, ele persuasivamente afirma ainda: "O recorte é uma seleção que leva em conta a narrativa romanesca, e não a fidelidade biográfica (nesse sentido, o livro está cheio de 'falhas' terríveis). Para mim, a ficção é um modo muito particular de ver o mundo; a biografia ou a autobiografia (uma distinção mais ou menos irrelevante) é um outro modo. O autor vive o evento aberto da vida, que não tem "sentido", que é um amontoado de fatos em sequência; um personagem submete-se a uma moldura que lhe dá exatamente aquilo que lhe faltaria na vida, se real fosse" (Cristovão Tezza, "Um Escritor Não Pode Ter Medo de Nenhum Tema". *Expresso*, Lisboa, ago. 2008. Disponível em: http://bibliotecariodebabel.com/tag/ cristovao-tezza/.) Apesar de concordar com Tezza no que diz respeito aos distintos pactos de leitura propostos pela ficção e pela escrita biográfica ou autobiográfica, julgo importante ressaltar que, mesmo nestas últimas, o biografado é submetido a uma moldura até certo ponto narrativa, que necessariamente "amontoa os fatos" com algum nível de cuidado. É o que propõe Paul de Man no ensaio "Autobiography as De-facement" [Autobiografia como Desfiguração]: "Não podemos sugerir, com igual

portanto, em vez de uma autobiografia propriamente dita, haveria antes uma utilização de dados biográficos a serviço de uma obra que, no fim das contas, não seria nada além de ficção.

Se assim considerássemos o livro, o problema pareceria resolvido. Contudo, a pergunta permanece: como não levar em conta, ao longo da leitura de O *Filho Eterno*, que o autor Cristovão Tezza, de fato, tem um filho com a síndrome de Down chamado Felipe e que boa parte das idas e vindas por clínicas médicas e programas de estimulação de capacidades motoras e mentais de fato ocorreu? Como não levar em conta que Tezza, de fato, quis ser relojoeiro na juventude, que integrou um grupo de teatro muito semelhante ao que o pai frequenta no romance, que foi estudar em Coimbra durante a Revolução dos Cravos, que trabalhou ilegalmente na Alemanha e viajou Europa afora antes de voltar a Curitiba para cursar a Faculdade de Letras e ter uma vida profissional idêntica à do personagem do pai na obra? Como

---

justiça, que o projeto autobiográfico pode ele mesmo produzir e determinar a vida e que tudo o que o escritor fizer será de fato governado por demandas técnicas de autorretrato, e portanto determinado, em todos os seus aspectos, pelos recursos de seu meio?" (Paul de Man, "Autobiography as De-facement". *MLN*, Comparative Literature, Baltimore, v. 94, n. 5, dec. 1979, p. 920. Tradução minha.) O que Tezza identificaria como "um amontoado de fatos em sequência", então, seria devido sobretudo à ideia de que, ao contrário da ficção, a autobiografia "parece pertencer a um modo mais simples de referencialidade, de representação, de diegese" (ibidem, loc. cit.).

tentar ignorar que, tal como o personagem do pai, Tezza publicou o *Ensaio da Paixão* e *O Terrorista Lírico*, entre outros romances, e que a acolhida do público no caso de cada um foi basicamente idêntica à efetiva acolhida dos romances do autor Tezza? Como fingir, por fim, que não há aí um teor autobiográfico que transcende a definição generalizante de Sanches Neto e condiciona a leitura de qualquer leitor minimamente informado acerca da biografia de Tezza? Tal leitura, em outras palavras, não terminaria por tornar o autobiográfico não exatamente ficcional, mas fictício?[5]

Para examinar mais detidamente a questão, comecemos por Philippe Lejeune. No clássico estudo *O Pacto Autobiográfico*, Lejeune define a autobiografia como uma "narração retrospectiva em prosa que uma pessoa real faz de sua própria existência".[6] O que está implicado nessa definição é: 1) um compromisso por parte da narrativa com a referencialidade, ou seja, os fatos narrados devem corresponder a eventos ocorridos fora do espaço textual; 2) o nome próprio do autor e o do protagonista devem necessariamente coincidir. Quanto

---

[5] Valho-me aqui da distinção proposta por Dorrit Cohn em seu *The Distinction of Fiction* [A Distinção da Ficção], de que "ficcional seja reservado a assuntos relacionados à literatura, [e] fictício para assuntos relacionados à vida" (Dorrit Cohn, *The Distinction of Fiction*. Baltimore, Johns Hopkins University Press, 1999, p. 3. Tradução minha).

[6] Philippe Lejeune, *Le Pacte Autobiographique*. Paris, Seuil, 1975, p. 14. Todas as traduções da obra citada são de minha autoria.

a esse último aspecto, Lejeune é bastante explícito: "O herói pode parecer-se com o autor tanto quanto queira: se não possuir seu nome, nada feito".[7]

Nesse sentido, considerar *O Filho Eterno* uma obra autobiográfica seria, no mínimo, extremamente problemático. Em primeiro lugar, por observações do próprio Tezza como a de que "a 'terceira pessoa' me protegeu, e também me liberou, digamos, da 'responsabilidade histórica', da informação 'verdadeira'. Memória, invenção e fatos reais se transfiguraram todos na composição do livro. O aspecto biográfico do escritor, insisto, não tem relevância".[8]

O interessante aqui, ao lado da óbvia negação de qualquer compromisso ou pacto com a referencialidade, é que o recurso ao narrador em terceira pessoa é evocado como um modo de aproximação do discurso ficcional.[9] A essa falta de identidade entre narrador e protagonista soma-se outra que, como vimos, será fatal para qualquer tentativa de considerar *O Filho Eterno* uma autobiografia na acepção proposta por Lejeune. Trata-se da falta de homonímia entre o autor e o protagonista – ou melhor, a sua não afirmação.

---

[7] Ibidem, p. 25.

[8] Cristovão Tezza, entrevista concedida a Irinêo Netto. *Gazeta do Povo*, Curitiba, ago. 2007. Disponível em: http://www.cristovaotezza.com.br/critica/ficcao/f_filhoeterno/p_03_gazetadopovo05ago07.htm.

[9] Segundo Lejeune, autobiografias em terceira pessoa até são possíveis, mas raras (op. cit., p. 17). Nesse caso, o narrador em terceira pessoa no romance não exatamente corta os fios com a autobiografia, mas afasta-se dela.

Pois não é que o protagonista apresente um nome fictício: ele não apresenta nome algum.

Poderíamos ainda pensar em enquadrar a obra na categoria que Lejeune entende por "romance autobiográfico", que vem a ser "todos os textos de ficção nos quais o leitor possa ter razões para suspeitar, a partir de semelhanças que acredite adivinhar, de que há uma identidade entre autor e personagem, mesmo que o próprio autor tenha escolhido negá-la, ou ao menos não afirmá-la".[10]

Romance autobiográfico, então: o problema dessa vez pareceria solucionado. Mais do que isso, tal rótulo sequer apontaria para uma reformulação narrativa que *O Filho Eterno* pudesse promover na obra de Tezza. Afinal, características do chamado "romance autobiográfico" podem ser identificadas em vários de seus primeiros romances, desde o grupo *hippie* e experimental de teatro ensaiando em uma ilha paradisíaca sob a direção de um pseudoprofeta em *Ensaio da Paixão* até a profusão de professores de Português às voltas com criações literárias que extrapolam a normatividade gramatical, como em *A Suavidade do Vento* e *Trapo*. E se, como sustenta Sanches Neto, "o autor, bem visível nos primeiros livros, ausentou-se nos mais recentes",[11] o que estaria em questão não seria muito mais que uma retomada de formas narrativas exploradas décadas antes.

---
[10] Philippe Lejeune, op. cit., p. 25.
[11] Miguel Sanches Neto, op. cit.

De fato, é de supor que certos temas e formas narrativas perpassem o conjunto de uma obra, em maior ou menor grau, de maneira mais ou menos elaborada, com mais ou menos transformações. Nesse sentido, é extremamente provável – para não dizer evidente – que as incursões prévias de Tezza ao terreno da biografia tenham seus reflexos na concepção de O *Filho Eterno*. Entretanto, ao contrário de todos os exemplos anteriores, não há nenhuma preocupação neste romance com a atribuição de dados explicitamente ficcionais aos personagens. O nome do filho de Tezza é o mesmo do filho no romance, assim como os livros de Tezza são os mesmos dos do pai no romance. Ainda que, segundo o autor, incoerências em relação ao factual tenham sido estabelecidas para sustentar a arquitetura geral da obra, não há fatos visivelmente fictícios ou alterações que impeçam o leitor de reconhecer a biografia de Tezza no romance. A respeito de seu narrador, efetivamente, o autor coloca que, "no caso de O *Filho Eterno*, tratava-se basicamente de mim mesmo, de uma forma mais radical do que em qualquer outro romance meu. Eu não podia simplesmente trocar os nomes, modificar cosmeticamente algumas informações e fingir que não tinha nada a ver com aquilo".[12]

---
[12] Cristovão Tezza, entrevista concedida a Irinêo Netto. *Gazeta do Povo*, Curitiba, ago. 2007. Disponível em: http://www.cristovaotezza.com.br/critica/ficcao/f_filhoeterno/p_03_gazetadopovo05ago07.htm.

Nesse contexto, não há dúvidas de que, ainda que se considere *O Filho Eterno* um romance autobiográfico, é clara a ruptura em relação a obras semelhantes dentre os livros de Tezza. E talvez fique ainda mais visível se considerarmos, na terminologia delineada por Manuel Alberca em *El Pacto Ambiguo: De la Novela Autobiográfica a la Autoficción* [O Pacto Ambíguo: Do Romance Autobiográfico à Autoficção], que efetivamente não se trataria de um romance autobiográfico: "O romance autobiográfico é uma ficção que dissimula ou disfarça seu verdadeiro conteúdo autobiográfico, mas sem deixar de aparentá-lo nem de sugeri-lo de maneira mais ou menos clara".[13] No entanto, se levarmos em conta a não dissimulação explicitada por Tezza em relação às ideias de Alberca, o que viria a ser *O Filho Eterno*?

A resposta, se houver alguma, já está no título do estudo de Alberca. Pois nos parágrafos que se seguem à passagem anterior, o autor opõe ao romance autobiográfico a noção de "autoficção" que, ao estabelecer um estatuto narrativo híbrido entre o referencial e o ficcional, distingue-se dos gêneros abordados até agora. "Na medida em que não disfarça a relação com o autor, como o faz o romance autobiográfico, a autoficção se separa dele, e na medida em que reclama ou integra a

---

[13] Manuel Alberca, *El Pacto Ambiguo: De la Novela Autobiográfica a la Autoficción*. Madri, Biblioteca Nueva, 2007, p. 125. As traduções da obra citada são de minha autoria.

ficção ao seu relato se afasta radicalmente da proposta do pacto autobiográfico."[14]

Como gênero à parte, a autoficção tem uma história recente. O termo foi cunhado pelo romancista e teórico francês Serge Doubrovsky para definir seu romance *Fils*, entendido como uma "ficção de eventos e de fatos estritamente reais".[15] Desde então, o desenvolvimento do gênero foi marcado por uma intensa e polêmica discussão acerca de suas características fundamentais. Por um lado, Doubrovsky entende por autoficção a narração de eventos reais sob o rótulo de "romance". Por outro, Vincent Colonna, em sua influente tese de doutorado *L'Autofiction (Essai sur la Fictionalisation de Soi en Littérature)* [A Autoficção (Ensaio sobre a Ficcionalização de Si na Literatura)], mantém a exigência de identidade de nome entre autor e personagem, mas subverte completamente a proposição de Doubrovsky ao defender, à maneira de seu orientador Gérard Genette ao analisar a obra de Marcel Proust em *Fiction et Diction* [Ficção e Dicção] (1993), que os eventos narrados em obras de autoficção deveriam ser, ao contrário, ficcionais, ou seja, não baseados em referenciais externos.[16]

---

[14] Ibidem, p. 130.
[15] Serge Doubrovsky, *Fils*. Paris, Éditions Galilée, 1977. Texto de quarta capa. Tradução minha.
[16] Como diagnostica Philippe Gasparini a respeito deste momento, "duas definições concorrentes da autoficção estavam desde já em estado germinal nessa abordagem:

Uma vez que não há espaço para entrar nos meandros de tal trajetória, proponho adotar aqui sobretudo a definição de Philippe Vilain em *L'Autofiction en Théorie* [A Autoficção em Teoria], obra posterior à sua famosa *Defesa de Narciso*, segundo a qual:

> O que faz a singularidade da autoficção é, já o dissemos, seu pacto contraditório, seu hibridismo, sua incapacidade de optar pelo romance ou pela autobiografia e sua *indecidibilidade genérica*, que questionam os limites teóricos de um romance em primeira pessoa, no qual um narrador assimilado ao autor finge dizer a verdade, descrever os eventos e os fatos reais. Com a autoficção, o leitor passa de um domínio a outro sem bem se dar conta, a um ponto tal que é difícil, ou mesmo quase impossível, dizer quando *é* ou quando *já não é* na ficção.[17]

Tal passagem, além de sintetizar de maneira eficiente muitas das posições até então formuladas a respeito do gênero, enfatiza seu caráter híbrido, sua indecidibilidade genérica, sua essencial oscilação. Ainda assim, Vilain defende que as obras de autoficção se enquadram comercialmente na categoria "romance", que há uma homonímia entre

---

uma ficcional, que será a de Colonna, outra referencial, à qual se vinculará Doubrovsky" (Philippe Gasparini, *Autoficcion: Une Aventure du Language*. Paris, Seuil, 2008, p. 72. Todas as traduções desta obra são de minha autoria).

[17] Philippe Vilain, *L'Autofiction en Théorie*. Chatou, Éditions de la Transparence, 2009, p. 38. Grifos do autor. Tradução minha.

autor e protagonista,[18] e que o autor não rejeita os atos do personagem como seus próprios atos, isto é, não nega em si mesmo o que se passa com seu personagem.

Pois é isso o que, a meu ver, ocorre em *O Filho Eterno*: 1) temos um romance que se assume como romance, propondo uma estrutura romanesca e uma determinada organização do enredo que, como veremos capítulo 4, destoa claramente do modelo autobiográfico; 2) temos uma homonímia mais ou menos declarada (ver nota 18), na medida em que, ainda que o nome do personagem do pai seja omitido, há uma homonímia presente no nome do filho e nos nomes de suas obras; 3) Tezza em nenhum momento procura "modificar cosmeticamente algumas informações e fingir que não tinha nada a ver com aquilo", ou seja, não afirma discrepâncias significativas dos eventos narrados para com os ocorridos, e a própria delicadeza do tema tratado o leva a assumir

---

[18] É importante notar que, como foi dito, nenhum nome é atribuído ao personagem do pai. Se Lejeune afirma a necessidade de uma homonímia explícita entre autor e personagem, no caso da autoficção estou de acordo com Vincent Colonna, para quem a homonímia, mesmo que não explícita, pode ser estabelecida por transformação ou substituição, focalizando assim "as transformações e substituições que um autor pode operar sobre seu nome, de modo a se tornar perceptível através da identidade de um personagem" [Vincent Colonna, *L'Autoficcion (Essai sur la Fictionalisation de Soi en Littérature)*. Paris, École des Hautes Études en Sciences Sociales, 1989, p. 54 (Tese de doutorado). Tradução minha].

"brutalmente" o que haja de autobiográfico na trama. Como coloca Karl Erik Schøllhammer em *Ficção Brasileira Contemporânea*, na autoficção de O Filho Eterno, "a matéria autobiográfica fica de certo modo preservada sob a camada do fazer ficcional e, simultaneamente, se atreve a uma intervenção na organização do ficcional, em um apagamento consciente dessa fronteira".[19] Só resta ao leitor, dessa maneira, mover-se pelas técnicas narrativas com que Tezza explora o caráter romanesco do livro e a contundência dos fatos autobiográficos.

2. Ficção contemporânea

A problematização das fronteiras entre o romanesco, o biográfico e o autobiográfico, entretanto, não se resume a O Filho Eterno na ficção brasileira contemporânea. Em um romance como *Nove Noites* (2002), por exemplo, Bernardo Carvalho mistura dados históricos concretos acerca do antropólogo Buell Quain e seu trágico destino entre os índios Krahô, dados que se encaixam em uma possível autobiografia do romancista, relatos que beiram o documental e que, de fato, se apoiam em dados referenciais, e uma estrutura romanesca bastante evidente. Como se não bastasse, a orelha do livro traz uma fotografia do autor

---

[19] Karl Erik Schøllhammer, *Ficção Brasileira Contemporânea*. Rio de Janeiro, Civilização Brasileira, 2009, p. 107.

ainda criança com um índio na região do Xingu, e o miolo das páginas, à maneira do que ocorre em textos biográficos e/ou historiográficos, traz eventualmente fotografias do antropólogo e de figuras históricas que o cercam.[20] Em *Escritas de Si, Escritas do Outro: O Retorno do Autor e a Virada Etnográfica*, Diana Klinger o situa no âmbito das "escritas de si" para classificá-lo, enfim, como uma obra de "metaficção historiográfica", na acepção de Linda Hutcheon,[21] que problematizaria questões-chave na obra de Carvalho: a representação e a identidade.[22]

Algo semelhante ocorre em dois romances de João Gilberto Noll que se poderiam considerar autoficcionais: *Berkeley em Bellagio* e *Lorde*. Ainda segundo Klinger, "o livro se *produz sozinho*, porque não há uma história para contar, senão a história do livro mesmo. Ou, melhor, a história do eu que escreve no próprio ato de escrever. A escrita do romance não é senão a indagação do sujeito da escrita".[23]

É este ainda o caso, por exemplo, de romances de Marcelo Mirisola, como *O Azul do Filho Morto*

---

[20] Segundo Diana Klinger, todos os pontos calcados na referencialidade "contribuem para colocar em questão o 'pacto ficcional', uma vez que eles circulam no universo extraficcional, precedem a ficção" (Diana Klinger, *Escritas de Si, Escritas do Outro: O Retorno do Autor e a Virada Etnográfica*. Rio de Janeiro, 7Letras, 2007, p. 152).

[21] Diana Klinger, op. cit., p. 155.

[22] Ibidem, p. 157.

[23] Ibidem, p. 58-59.

e *O Herói Devolvido*, nos quais o autor, o narrador e o personagem partilham não apenas um mesmo nome ou as mesmas iniciais, mas inúmeros eventos que transitam entre o ficcional e o referencial. Bastante curioso, por exemplo, é o romance *Joana a Contragosto*, no qual o caráter privado dos eventos narrados põe em xeque qualquer comprovação que vá além da ambígua palavra do autor em declarações posteriores à obra.

As obras destes e de outros autores vão, assim, dando forma a um determinado quadro na ficção contemporânea brasileira, na qual, ainda que por vezes o rótulo de "autoficção" seja pouco acurado, são postas em evidência noções como as de autoria, refencialidade e ficcionalidade, bem como aproximações e afastamentos entre as figuras do autor, do narrador e do personagem, que beiram, enfim, os limites do "pacto ficcional".[24] O interessante é que tais procedimentos sejam explorados, nestes primeiros anos do século XXI, com muito mais frequência ou mesmo de forma mais sistemática do que ocorria no início dos anos 1950 quando, com a publicação de *Infância* e *Memórias do Cárcere*, Graciliano Ramos se colocava no centro da questão.

Como argumenta Antonio Candido em *Ficção e Confissão: Ensaios sobre Graciliano Ramos*, o

---

[24] Outros exemplos próximos a *O Filho Eterno* abordados por Schøllhammer são *Galileia* (2008), de Ronaldo Correia de Brito, e *Memórias* (2004), de Silviano Santiago. Karl Erik Schøllhammer, op. cit., p. 107-09.

caso do autor alagoano é peculiar, pois não se trata de um romancista ou poeta que, em determinado ponto de sua vida, teve o desejo de escrever suas memórias, "escrevendo confissões que completam e esclarecem a obra de criação",[25] tal como se deu com Oswald de Andrade, Manuel Bandeira, Augusto Frederico Schmidt, Augusto Meyer, Álvaro Moreira ou Gilberto Amado. Em Graciliano, ao contrário, "ficção e confissão constituem na obra de Graciliano Ramos polos que ligou por uma ponte, tornando-os contínuos e solidários".[26] Dessa forma, o processo criativo permanece íntegro nos dois casos, de modo que *Infância*, por exemplo, poderia ser lida como uma obra de ficção.[27] Assim, Graciliano pode ser considerado um importante marco na discussão acerca das fronteiras entre ficção e autobiografia, na qual se inserem os autores já mencionados e, evidentemente, Cristovão Tezza.

Com esse breve mapeamento, procurei fazer não uma leitura exaustiva da questão, mas tão somente apontar alguns caminhos que poderiam ajudar a situar *O Filho Eterno* no panorama da literatura nacional. Ampliando o foco para o contexto internacional, identifiquemos algumas obras com as quais o romance de Tezza estabelece

---

[25] Antonio Candido, *Ficção e Confissão: Ensaios sobre Graciliano Ramos*. 3. ed. Rio de Janeiro, Ouro sobre Azul, 2006, p. 98.
[26] Ibidem, p. 97.
[27] Ibidem, p. 70.

um diálogo interessante: *Uma Questão Pessoal*, de Kenzaburo Ôé; *Nascido Duas Vezes*, de Giuseppe Pontiggio, e a trilogia *Infância*, *Juventude* e *Verão*, de J. M. Coetzee.

O Filho Eterno se aproxima das duas primeiras obras sobretudo por uma clara afinidade temática: os três romances lidam com a difícil relação entre homens que se veem repentinamente pais de crianças com lesões cerebrais graves ou, no caso de Tezza, com a síndrome de Down. Ademais, os três autores de fato tiveram filhos como os apresentados nos romances e constroem relatos repletos de elementos autobiográficos. Vejamos brevemente cada um deles.

Uma Questão Pessoal, publicado em 1964 por aquele que viria a receber o Prêmio Nobel de Literatura de 1994, lida precisamente com o horror e a estranheza de um pai que, às voltas com toda sorte de problemas pessoais, precisa, como o pai do romance de Tezza, processar internamente o peso trazido pelo filho. Além de muito anterior às outras obras aqui citadas, este romance se distingue por romper com uma tradição mais ampla na literatura japonesa do "romance-eu" (*shishôsetsu*, no original), como esclarece Gasparini, e na qual o autobiográfico seria considerado uma das formas "deste real com o qual dialoga o imaginário da escritura".[28] *Uma Questão Pessoal* questionaria esse gênero justamente por, através da introdução

---

[28] Philippe Forest apud Philippe Gasparini, op. cit., p. 224.

de dados imaginários, denunciar a "ingênua ilusão mimética"[29] inerente a esse modelo.

Já *Nascido Duas Vezes* (2000) se situa em um horizonte temporal mais próximo ao do romance de Tezza e no qual as discussões sobre a autoficção já se encontravam consolidadas. Contudo, apesar das semelhanças no que concerne à biografia, não há possibilidade de homonímia entre autor e protagonista neste livro, visto que, ao contrário de *O Filho Eterno*, o nome do pai aparece e é distinto do nome do autor.

Como seria imaginável, a composição de *O Filho Eterno* guarda um declarado diálogo com as duas obras. É o que mostra Tezza em entrevista à *Gazeta do Povo*:

> Lembro que li esses dois belos livros quase ao mesmo tempo, em 2003 – foram leituras marcantes. *Uma Questão Pessoal* estrutura-se como ficção, inclusive com as marcas do tempo, um romance com o espírito "anos 60"; e o *Nascer Duas Vezes* é um ensaio, um texto objetivo sobre a relação com o filho especial, já num contexto mais contemporâneo. Acho que *O Filho Eterno*, como texto e narrativa, seguiu uma terceira via, por assim dizer – uma estrutura de ficção que se abre em vários momentos quase que objetivamente à reflexão.[30]

---

[29] Kenzaburo Ôé apud Philippe Gasparini, op. cit., p. 224.
[30] Cristovão Tezza, entrevista concedida a Irinêo Netto. *Gazeta do Povo*, Curitiba, ago. 2007. Disponível em: http://www.cristovaotezza.com.br/critica/ficcao/f_filhoeterno/p_03_gazetadopovo05ago07.htm.

Retomaremos adiante algumas das implicações dessa afirmação. Por ora, notemos outra referência importante que é a de J. M. Coetzee, frequentemente citado por Tezza como uma de suas principais influências. A trilogia composta de *Infância*, *Juventude* e *Verão* constitui uma série de memórias ficcionais, publicadas com o rótulo de romances, mas com óbvios traços autobiográficos, incluindo o próprio nome do protagonista: John Coetzee. Ainda que alguns aspectos cruciais sejam obviamente discrepantes na vida do autor e nas obras – certamente o principal deles é o fato de John Coetzee morrer em *Verão* –, é no mínimo desafiador, como o seria em *O Filho Eterno*, ler os romances em questão sem levar em conta seu fundo autobiográfico e, consequentemente, sua problematização. Nesse sentido, não pode ser senão reveladora a afirmação de Tezza acerca de *Juventude* feita em entrevista a Marcos Strecker: "Esse é um dos livros mais cruéis que já li sobre a adolescência. Mostra o processo do narrador sair da confissão e se transformar em objeto. É o que o autor precisa fazer. Aquilo me deu a chave, foi quando me livrei da primeira pessoa".[31] Ora, não só a terceira pessoa é, como vimos, uma estratégia fundamental de sugestão da ficcionalidade do livro, mas também, como

---

[31] Idem, entrevista concedida a Marcos Strecker, "É Campeão!". *Folha de S.Paulo*, São Paulo, nov. 2008. Disponível em: http://www1.folha.uol.com.br/fsp/ilustrad/fq0311200807.htm.

veremos na seção 3 do capítulo 4, ela será essencial à focalização do protagonista pelo narrador.

A partir dessa brevíssima relação de autores que compartilham contextos e problemas próximos aos de Tezza, podemos ter uma ideia não apenas do quão afinado está o autor com uma parte significativa da literatura composta nos anos 2000 e em partes do século XX, mas também do quão "desafinadas" as obras aqui abordadas podem ser umas das outras, do quanto diferem entre si e propõem caminhos bastante distintos, se não opostos, para pensar um mesmo leque de questões. Isso atesta evidentemente antes uma riqueza do que uma deficiência, mas nos leva também a pensar em que medida essas obras, além de dialogarem entre si, relacionam-se com o repertório (consciente e inconsciente) de referências dos autores em questão, sobretudo quando articulados no conjunto de suas próprias obras. Nas páginas que se seguem, portanto, concentremo-nos no lugar de *O Filho Eterno* na obra de Tezza, tendo em vista a importância do pensamento de Mikhail Bakhtin para o autor.

3. O conjunto da obra

Como vimos no capítulo 2, os romances anteriores de Tezza estão fortemente calcados na exploração de uma diversidade discursiva por parte do autor, desde os discursos atribuíveis ao espírito da contracultura dos anos 1960 e décadas vizinhas no *Ensaio da Paixão* até a alternância de focos narrativos na classe média desiludida dos anos 2000 em *O Fotógrafo*. Noções cunhadas por Mikhail Bakhtin e recorrentes nos trabalhos teóricos de Tezza, como o dialogismo e as vozes no romance, perpassam também sua ficção. Relembremos em *Trapo*, por exemplo, o flagrante contraste entre a voz pedante e normativa do professor Manuel, o tom popularesco e expansivo da dona de pensão Izolda e o discurso caricaturalmente marginal do poeta Trapo. Ou, então, o contraste entre as cartas formais e acadêmicas do professor Frederico Rennon em *Uma Noite em Curitiba* e as suaves e sedutoras palavras da atriz Sara Donovan: sabemos que o professor cede aos amores da atriz *porque* seu discurso vai aos poucos aproximando-se do dela, ou seja, *porque*, além das difusas informações oferecidas pelo narrador, ao leitor é dada a oportunidade de rastrear diretamente a evolução nas palavras do professor até que o romance entre ele e a atriz se torne inevitável. Ou, ainda, o desenvolvimento de tramas paralelas e intercaladas que se encontrarão apenas no final do livro – é o que se dá em *O Fantasma da Infância*. Como Tezza afirma: "Um dos traços da literatura é a capacidade de apreender o mundo por um olhar que não é o nosso; ser capaz de se transportar para outros pontos de vista e conhecer o mundo pelo lado de lá. Nenhuma outra linguagem tem esse poder. Todas são afirmações unívocas do sujeito: um ensaio, um artigo, são unilaterais. Já a literatura dá essa transcendência".[32]

Ora, retomando as reflexões teóricas de Tezza em conexão com tais procedimentos centrais no conjunto de sua obra, vimos que o compromisso com a construção, o contraste e o diálogo de discursos distintos, mais do que traços discerníveis na ficção de Tezza, desenham o que se poderia considerar um projeto estético do autor. Em outras palavras, não se trata apenas de "aceitar" a heteroglossia como fator inerente ao gênero romanesco, uma vez que, sendo o gênero por definição heteroglota, todas as obras consideradas romances necessariamente já o seriam. Relembrando Bakhtin: "O romance é uma diversidade social de linguagens organizadas artisticamente, às vezes de línguas e de vozes individuais".[33] O que estaria em questão em um projeto estético como este, então, seria sobretudo uma certa radicalização dialógica, ou seja, a sua explicitação e o seu aprofundamento. É isso o que se dá quando Tezza põe lado a lado vozes tão discrepantes quanto as de Manuel e Izolda, mas é o que se dá também quando percebemos que, pouco a pouco, os traços discerníveis da vida do autor

---

[32] Idem, "O Romancista do Paraná". *Revista Entrelinha*, Curitiba, n. 20, abr. 2006. Entrevista concedida a Rafael Urban. Disponível em: http://entreduasvistas.blogspot.com/2007/10/o-romancista-do-paran.html.

[33] Mikhail Bakhtin, "O Discurso no Romance". In: *Questões de Literatura e de Estética: A Teoria do Romance*. São Paulo, Hucitec/Unesp, 1993, p. 74.

Tezza vão sendo apagados de seus romances. Naturalmente, alguns elementos permanecem, como a cidade de Curitiba e seus recantos, e personagens pertencentes ao meio acadêmico, entre outros.

Esse apagamento pode ser discernível em duas frentes. A primeira se refere ao fato de que, como colocou Bakhtin no mesmo "O Discurso no Romance", o gênero se caracteriza por uma voz dupla, com duas diferentes intenções: "A intenção direta do personagem que fala e a intenção refrangida do autor. [...] Ademais, essas duas vozes estão dialogicamente correlacionadas, como que se conhecessem uma à outra [...], como se conversassem entre si. O discurso bivocal sempre é internamente dialogizado".[34]

Esse dialogismo entre a intenção do personagem e a do autor sempre presente na forma do romance obviamente permanece na obra de Tezza, mas com um funcionamento próprio: o que proponho é que faria parte da intenção do autor explicitar o intenso diálogo de vozes contrastantes, de fazer com que cada uma adquira uma autonomia quase performática. É como se, por trás do que um personagem tem para dizer, houvesse uma voz declarando: "Eu sou o discurso deste personagem, e por isso me utilizo deste e daquele dialetos, e por isso falo assim e não de outra maneira".

E há ainda um outro apagamento, que diz respeito ao que se poderia considerar um disfarce de sua autobiografia operado nos romances. Para ficarmos

---

[34] Ibidem, p. 127.

com os romances já citados, é o que se dá em *Ensaio da Paixão*, quando temos uma série de personagens muito semelhantes ao que teria sido o Tezza jovem, mas sem que nenhum de fato possa ser considerado um *alter ego* seu. Ou, então, pensemos na coleção de professores, universitários ou semiuniversitários, muitas vezes desejosos de atingir um grau de produção artística além de suas capacidades – neste caso, a alusão à figura de Tezza seria irônica, visto que o próprio autor logrou o que seus personagens quase nunca chegaram a concretizar. Ainda assim, a galeria de professores está travestida em personagens que não poderiam ser considerados figuras baseadas em Tezza. Em outras palavras, se há indícios autobiográficos salpicados por sua obra e de modo algum predominantes, eles vêm sempre apresentados de modo a não deixar dúvidas de que os personagens em questão, ainda que compartilhando certos traços em comum, *não* podem assumir a persona do autor Tezza. Ou seja, o autor, mesmo quando se aproxima dos personagens, refrata-se acentuadamente em seus discursos e suas características. Em suas próprias palavras: "Os meus livros não são autobiográficos no sentido tradicional da palavra. [...] Meus livros, tanto em primeira como em terceira pessoas, se situam como confissões, e isso dá uma ilusão autobiográfica muito grande... Mas é um disfarce".[35]

---

[35] Cristovão Tezza, "O Romancista do Paraná". *Revista Entrelinha*, Curitiba, n. 20, abr. 2006. Entrevista concedida a Rafael Urban. Disponível em: http://entreduasvistas.blogspot.com/2007/10/o-romancista-do-paran.html.

Nesse contexto, o que pensar do corpo estranho na obra de Tezza que, em um primeiro momento, seria *O Filho Eterno*? O que dizer de um romance que abertamente não apenas se baseia na biografia do autor, mas – ainda pior – assume integral e brutalmente a sua voz e o conjunto de vozes que a compõem?

Uma possível resposta estaria naquilo que entendo como uma das linhas básicas de *O Filho Eterno*: o que essa obra promove é uma transformação, um questionamento, uma complexificação, afinal, daquilo que Tezza vinha discutindo como ficção até o momento. Ou seja, trata-se não de reafirmar como ficcional aquilo que, no fim das contas, é claramente ficcional, mas sim de propor que o referencial possa ser também entendido como ficcional, ou melhor, que possa ser problematizado dentro de um registro ficcional. De maneira semelhante, mas não idêntica, à de Graciliano Ramos, trata-se de manter solidárias a ficção e a confissão, amalgamá-las em uma mesma obra. É como se a voz do autor não se refratasse de forma visível, mas permanecesse aparentemente em linha reta ao penetrar o discurso ficcional. E cabe a nós, leitores, entender que ainda assim há aí uma refração, ou seja, uma estrutura discursiva romanesca, e que nosso desafio é o de saber enxergá-la.

O que está em jogo, portanto, já não é a criação de personagens verossimilhantes, mas a construção de uma identidade que, ainda que confundida com a do autor Tezza, revela-se romanescamente verossimilhante. Essa problematização do eu, que não havia sido colocada em livros anteriores de Tezza, ao menos não de forma tão explícita, nos conduz a uma rediscussão da categoria ficcional em sua obra: o referencial pode ser pensado dentro da categoria do ficcional, e o ficcional não necessita da refração evidente e acentuada do discurso do autor para afirmar-se como ficção. É esse o deslocamento fundamental que Tezza promove com *O Filho Eterno* em relação a sua própria obra e que constitui, portanto, uma ruptura com seu projeto estético anterior.

Chegando ao fim deste capítulo, portanto, alguns pontos se fazem notar: 1) a obra parece inserir-se, mais do que em qualquer outro gênero, na chamada autoficção; 2) narrativas semelhantes têm sido publicadas nas últimas décadas, seja no Brasil, seja no exterior, seja no âmbito da autoficção, seja em gêneros adjacentes; 3) tal problematização do eu não havia sido colocada em livros anteriores de Tezza, ao menos não de forma tão extensa, o que nos conduz a uma rediscussão da categoria da ficção em sua obra. Por fim, se a autoficção, enquanto gênero híbrido, é também um romance, resta investigarmos, como será feito no próximo capítulo, a moldura romanesca que dá aos personagens do pai e do filho "exatamente aquilo que lhe[s] faltaria na vida, se real[is] fosse[m]".

4

No capítulo anterior, abordamos as implicações do uso de elementos autobiográficos em *O Filho Eterno* para concluir que a obra pode ser classificada no gênero da autoficção. Com isso, como vimos, é estabelecido um pacto híbrido, que participa simultaneamente do referencial e do ficcional – e se apresenta para o público com o rótulo de "romance". Se o aspecto biográfico já foi o objeto do primeiro e do terceiro capítulos, proponho, nas páginas que se seguem, pensar o livro por um viés romanesco. Trata-se agora de investigar de que maneira os dados autobiográficos presentes na obra são reorganizados e ressemantizados para integrarem o quadro inscrito na "moldura romanesca" já aludida por Tezza. Em outras palavras, pretendo identificar e analisar alguns dos traços pelos quais *O Filho Eterno* é não apenas um depoimento contundente, mas uma obra de arte.

Contudo, uma vez que esses traços são potencialmente infinitos, concentrar-me-ei em três pontos: o processo de formação do pai, antes e depois do nascimento do filho, o que aproxima a estrutura do livro da forma do *Bildungsroman*; a revisão dos ideais dos anos 1970 empreendida pelo pai após o nascimento do filho e com seu forçado "aburguesamento", revisão esta desenvolvida através do recurso aos discursos indireto e indireto livre; e, por fim, a possibilidade de pensar o filho como um duplo do pai, tanto em negativo – sendo o filho o paradigma da concretude e do momento presente, ao passo que o pai apresenta uma clara tendência à lembrança, ao devaneio e à abstração – como em um polo positivo, visto que a dificuldade de crescimento do filho se assemelha à resistência à maturidade por parte do pai. Antes de entrar em cada ponto, entretanto, façamos uma recapitulação do enredo.

1. O enredo

Qualquer dúvida em relação às premissas básicas da trama já terá se dissolvido na leitura dos capítulos iniciais. Se as primeiras frases da orelha do livro, afinal, referem-se ao "mongolismo" do filho, muitos dos leitores que chegam a ter o livro em mãos já possuem antecipadamente tal informação. Aqui Tezza teria dois caminhos: ou assumir desde o início a síndrome do filho, o que faria que a intriga fosse tratada como algo previamente sabido, numa guinada autobiográfica; ou começar a história como se o fato não fosse nada evidente, e manter o suspense até a descoberta, dentro da trama, de que o filho era portador da síndrome de Down. Esta seria uma guinada romanesca, e foi justamente a escolhida por Tezza.

"Ele é um homem distraído. Sim, distraído, quem sabe? Alguém provisório, talvez; alguém que, aos 28 anos, ainda não começou a viver."[1] Nas páginas iniciais do livro, um pouco anteriores ao nascimento do filho, o perfil do pai já vai sendo traçado. E sua distração, sua provisoriedade, devem-se a uma razão peculiar: "Ele está em outra esfera da vida. Ele é um predestinado à literatura – alguém necessariamente superior, um ser para quem as regras do jogo são outras" (p. 10). Ainda assim, nas horas do nascimento da criança, estando o pai imerso em devaneios e antes da descoberta da síndrome, algumas pistas se fazem notar: "Um filho é a ideia de um filho; uma mulher é a ideia de uma mulher. Às vezes as coisas coincidem com a ideia que fazemos delas, às vezes não. Quase sempre não, mas aí o tempo já passou, e então nos ocupamos de coisas novas" (p. 14). O que está em jogo em afirmações como esta é tanto a possibilidade de o filho não se encaixar na ideia que o pai fará dele – e não são poucas as projeções feitas pelo pai para o futuro da criança nestes capítulos inaugurais – quanto a impossibilidade, ainda não internalizada pelo pai, de ele deixar de se ocupar do filho, caso este não cumpra com suas expectativas.

Nessa tranquilidade provisória e otimista transcorrem os três primeiros capítulos, até o

---
[1] Exceto quando indicado, as citações deste capítulo pertencem a Cristovão Tezza, *O Filho Eterno*. 2. ed. Rio de Janeiro, Record, 2008, p. 9.

quarto se abrir para o pai com "a manhã mais brutal da vida dele" (p. 27), pois os médicos que entram com o filho na sala repleta de familiares estão "absurdamente sérios, pesados" (p. 29) para anunciar "algumas características... sinais importantes..." (p. 30), que indicam a presença da síndrome. É então que, com a vinda à tona dos termos "síndrome de Down" e "mongolismo", a verdade por assim dizer se revela – como se já não fosse evidente para o leitor com um mínimo conhecimento prévio – e o pai, em um momento central a todo o seu posterior desenvolvimento, "em um átimo de segundo, em meio à maior vertigem de sua existência, [...] apreendeu a intensidade da expressão 'para sempre' – a ideia de que algumas coisas são de fato irremediáveis, e o sentimento absoluto, mas óbvio, de que o tempo não tem retorno, algo que ele sempre se recusava a aceitar" (loc. cit.).

Não deixa de ser curioso que o narrador tenha esperado até este momento, que tenha alinhado a apreensão da expressão "para sempre" com a do momento em que os médicos descrevem o que se passa com o filho, e não com um momento prévio vivido pelo autor Tezza. Ou seja, essa opção pela manutenção do suspense, pelo retardamento da revelação da síndrome e pela delineação de todo um perfil do pai antes do aparecimento do filho reforçam o pacto romanesco e preparam o terreno para o que virá a seguir. Porque, a partir deste momento, a trama se estruturará precisamente em torno da adaptação do pai ao filho e, sobretudo, da aceitação por parte do pai de que o filho não corresponde à ideia preliminar alimentada pelo primeiro de que o segundo será "a arena de sua visão de mundo" (p. 14).

Assim, o que se desenvolve do quinto capítulo ao décimo nono é, ao lado da própria trajetória do filho e da família, o senso do pai de que "nada mais será normal na sua vida até o fim dos tempos. Começa a viver pela primeira vez, na alma, a angústia da normalidade" (p. 40). Por normalidade, o pai entende o forçado condicionamento dos planos de se tornar escritor e dos ideais da juventude a uma existência que, para suprir as demandas especiais do filho, se aproximaria de um aburguesamento que, em um primeiro momento, causava horror ao personagem, principalmente pela ameaça que representava às suas ambições literárias.

É por isso que, eventualmente e sobretudo no início, qualquer possibilidade de reversão desse quadro é ardorosamente alimentada, e talvez não seja exagero considerar que Tezza, ao afirmar ter-se utilizado de um material "brutalmente biográfico", pensava em afirmações como "veja, ele se dizia, não há velhos mongoloides. Você tem certeza disso?, alguém perguntaria, erguendo o braço; sim, nenhuma dúvida; eles morrem logo" (p. 36), ou afirmações dos outros de que "você é tão inteligente, e não conseguiu nem fazer um filho direito" (p. 71). Outro exemplo emblemático das ilusões por ele alimentadas é "a hipótese de que houve um erro de diagnóstico, e que, de fato, a criança fosse normal ou tivesse algum problema de outra natureza, bem menos grave" (p. 47).

Dessa forma, cada capítulo narra simultaneamente um estágio na vida do filho e um estágio mais profundo de aceitação por parte do pai. Ainda que haja retrocessos momentâneos tanto no desenvolvimento do filho quanto no processo de compreensão por parte do pai, a narrativa segue relativamente linear. Na familiarização dos pais com os detalhes técnicos da síndrome; nas inúmeras visitas a uma grande variedade de médicos, desde o que acreditava identificar uma cardiopatia no filho e a "experiência insossa com a médica de São Paulo" (p. 73) até o "programa completo" de treinamento na clínica do Rio de Janeiro que estabeleceu um programa de exercícios diário e exaustivo para a criança, com acompanhamento dos pais, com o intuito de "compensar a falta da natureza; consertar o defeito de origem" (p. 96); bem como nas tentativas do filho de levar a cabo tarefas simples como subir no banco do carro; ou nos seus anos de pré-escola em uma instituição que depois viria a declarar que "não temos estrutura" (p. 156) para alfabetizar o filho, o que seria "trabalho para especialista" (loc. cit.); ou nas competições de natação em que se sai relativamente bem e na paixão por desenhos animados de super-heróis, enfim, cada uma dessas etapas avança no que seria a formação de uma criança com a síndrome de Down e na constatação do pai de que, efetivamente, seu filho é uma criança com a síndrome de Down, nada mais, nada menos.

Simultaneamente, a vida da família avança. Dos primeiros tempos em que moravam em apartamento e a mulher supria todas as necessidades financeiras, o enredo percorre a compra de um pequeno sobrado na periferia de Curitiba; a segunda gravidez da mulher e o nascimento de uma filha sem síndrome alguma, após os inevitáveis receios da família; a recepção tímida dos primeiros livros do pai, como *O Terrorista Lírico* e *Ensaio da Paixão*; a graduação em Letras e o primeiro emprego como professor em outra cidade ["Pela primeira vez, aos 34 anos, tem uma carteira de trabalho assinada e recebe um dinheiro fixo no final do mês. É um funcionário do Estado. [...] Vive a breve euforia de alguém enfim entregue ao sistema" (p. 142)], que o obriga, por dois anos, a viver longe da família; até, enfim, o primeiro sucesso literário, *Trapo*, "finalmente editado em São Paulo por uma grande editora" (p. 149).

Paralelamente, as etapas descritas em cada capítulo são intercaladas com memórias e devaneios do pai acerca de possibilidades para sua vida, mas sobretudo acerca de seu passado. E é nessas recordações que a imagem do pai vai se construindo, mais nítida, mas multifacetada e, em certa medida, em contraposição ao "presente absoluto" (p. 130) em que vive o filho, em seu mundo que "tem dez metros de diâmetro" (loc. cit.). É assim que a morte prematura de seu pai na infância dá lugar aos anos no colégio militar e à juventude marcada pela temporada na Universidade de Coimbra que, devido à Revolução dos Cravos, esteve fechada para os calouros durante a maior parte do tempo, possibilitando ao pai ainda jovem viajar pela Europa e trabalhar ilegalmente como faxineiro na Alemanha; bem como a sua participação em uma trupe de teatro alternativo, que lhe mobilizou tantos anos da adolescência e da juventude, mas que lhe valeu também episódios desagradáveis com a polícia no período da ditadura militar. Mais adiante, veremos como tais memórias dialogam especificamente com as etapas de desenvolvimento do filho em cada capítulo. Por ora, notemos que estes dois planos – o presente da relação do pai com o filho e o passado do pai – coexistem e não se desdobram independentemente um do outro.

Tal dinâmica prosseguirá também na parte final do livro, que vai mais ou menos do capítulo 20 ao 25, na qual se tornam evidentes o amor e o apego do pai pelo filho. O evento que marca tal guinada é o desaparecimento do filho, que saíra para a rua fora das vistas do pai. "Só descobriu a dependência que sentia pelo filho no dia em que Felipe desapareceu pela primeira vez" (p. 161). Após o acontecimento dramático que ocupa dois capítulos inteiros, os três últimos capítulos, abrindo-se com um "passaram-se anos" (p. 183), descrevem "uma estabilidade tranquila, [...] o poder maravilhoso da rotina, ele pensa, irônico. Transforma tudo na mesma coisa, e é exatamente isso que queremos. Mas há uma razão: seu filho não envelhece" (p. 183). É assim que a paixão de Felipe pelos super-heróis, por programas televisivos, pelo futebol e pelo computador – com a internet conectada – funciona como material conclusivo de uma relação que, mesmo eventualmente afetada pela "agulhada da velha vergonha" (p. 199), conclui-se no romance com a afirmação, inegavelmente positiva e mais abrangente do que o jogo de futebol a que se refere diretamente, de que "nenhum dos dois tem a mínima ideia de como vai acabar, e isso é muito bom" (p. 222).

2. O Filho Eterno *como* Bildungsroman

Como vimos, a narração da aprendizagem por parte do pai de como viver com o filho é intercalada com a narração de suas memórias de juventude. De fato, já no sexto capítulo alguns dados biográficos relevantes são enumerados rapidamente e compreendem, por exemplo, "a tentativa de se tornar piloto da Marinha mercante, a profissão de relojoeiro, [...] a dependência de um guru acima do bem e o mal, [...] enfim a derrocada de se entregar ao casamento formal assinando aquela papelada ridícula [...], a falta de rumo, uma relutância estúpida em romper com o próprio passado, náufrago dele mesmo, depois o curso universitário com a definitiva integração ao sistema, [...] e agora pai sem filho" (p. 40-41).

Se as informações acima efetivamente compõem uma descrição eficiente do pai, não deixa de ser curioso que todo um setor de informações seja excluído ou apenas indiretamente mencionado. Refiro-me aos episódios da vida do pai que, ao serem de fato narrados ao longo dos capítulos, ocupam um espaço significativo na trama e, como veremos, adiante, interagem com o momento presente. São, basicamente, o período na Europa, composto sobretudo pela viagem ociosa a uma universidade fechada, e os meses como faxineiro ilegal na Alemanha, quando juntou dinheiro para viajar por outros países; bem como o eixo de eventos ligados ao teatro, como a odisseia a um festival de teatro em Caruaru em 1972 e a detenção pela polícia no mesmo ano, em plena ditadura militar, na cidade de São Paulo, para onde todo o grupo fora encenar uma peça e, hospedando-se na casa vazia de um amigo, fora denunciado por vizinhos como invasor de residências; e ainda, quase ao fim do romance, a narração da viagem à Ilha da Cotinga e o encontro com o guru.

Tais episódios, concentrados em narrativas de viagens e muitas vezes ligadas ao teatro, são definidos pelo próprio personagem como "os anos de formação, ele pensa, antecipando rapidamente a própria velhice" (p. 90). E se é interessante notar como o personagem parece constantemente cônscio do enredo em que sua vida poderia desembocar, com os "anos de formação" ele faz uma alusão direta à forma romanesca do *Bildungsroman*, ou "romance de formação".[2]

Com o marco fundamental representado pela obra *Os Anos de Aprendizagem de Wilhelm Meister* (1795-1796), J. W. Goethe estabeleceria uma tradição cujo termo, cunhado provavelmente por Wilhelm Dilthey,[3] propõe um romance centrado na formação de um determinado indivíduo. Com efeito, à primeira vista, as etapas da formação do pai encaixam-se perfeitamente em uma definição mais rasteira do termo, como a oferecida por Susan Gohlman em *Starting Over: The Task of the Protagonist in the Contemporary* Bildungsroman [Recomeçando: A Tarefa do Protagonista no *Bildungsroman* Contemporâneo], segundo a qual "estes são os ingredientes mais comuns que o leitor educado associa ao *Bildungsroman*: um jovem herói (em geral, do sexo masculino), uma ampla gama de experiências, e um senso do valor prático, em última instância, dessas experiências para sua vida posterior".[4]

---

[2] Muito significativo, ademais, é o fato de que, ao chegar à "mítica Alemanha dos livros que leu" (ibidem, p. 97), o pai pensa justamente em J. W. Goethe, Thomas Mann e Günther Grass, autores de *Bildungsromane* paradigmáticos como *Os Anos de Aprendizagem de Wilhelm Meister*, *A Montanha Mágica* e *O Tambor*.

[3] Para uma exposição acerca da polêmica em torno do criador do termo, cf. Susan A. Gohlman, *Starting Over: The Task of the Protagonist in the Contemporary* Bildungsroman. Nova York, Garland Publishers, 1990, p. 12.

[4] Ibidem, p. 4. Todas as traduções desta obra são de minha autoria.

Em muitos sentidos, a trajetória do jovem futuro pai pela Europa e pelos palcos brasileiros não apenas apresenta todos esses elementos (e, nesse caso, o valor prático para a vida posterior seria a formação como escritor), mas se assemelha de maneira quase exemplar ao modelo clássico do *Bildungsroman* e até mesmo ao próprio *Wilhelm Meister*. Pois, no ensaio "La Tradition du Bildungsroman" [A Tradição do Bildungsroman], de François Jost, a síntese feita do teatro no último não seria muito inapropriada para descrever os próprios anos de aprendizagem do pai: "Wilhelm se forma também ao desenvolver seus talentos de ator, ao reencontrar seu 'eu' através do jogo dos mais diversos papéis, mas sobretudo se relacionando com os comediantes ambulantes, ao aderir às trupes que perambulam pela região".[5]

As "virtudes formadoras do teatro",[6] bem como viagens e perambulações, portanto, possuem um lugar de destaque na formação tanto de Meister quanto na do pai. No caso deste, porém, tal comportamento é não exatamente uma *Bildung*, que pressuporia uma formação por dentro e por fora, mas antes uma performance altamente consciente da *Bildung* julgada necessária pelo pai para cumprir a "certeza louca de seu próprio destino"

---

[5] François Jost, "La Tradition du Bildungsroman". *Comparative Literature*, Durham, vol. 21, n. 2, primavera 1969, p. 104. Todas as traduções desta obra são de minha autoria.

[6] Ibidem, p. 105.

(p. 130) de escritor: "Como se sente escritor, vive equilibrado no próprio salvo-conduto, o álibi de sua arte ainda imaginária, o eterno observador de si mesmo e dos outros. Alguém que vê, não alguém que vive" (p. 98).

Nesse contexto, não será difícil imaginar o impacto do nascimento do filho nos planos ambiciosos e nos ideais de vida do pai, quando "o último limite, o da inocência, estava ultrapassado; a infância teimosamente retardada terminava aqui" (p. 31). Pois o filho não apenas se impunha irreversivelmente na vida do pai – e é só rapidamente que pensamentos como o de que "eu não preciso deste filho" (p. 32) lhe passam pela cabeça, para serem logo desmanchados –, como sua rotina estaria, então, marcada por todo um aparato de "médicos, tratamentos, enfermeiras" (p. 99) etc., ou seja, "a casa [transformava-se] numa extensão de uma clínica" (loc. cit.). Em poucas palavras, a vinda do filho obrigava o pai a um aburguesamento que, desde as primeiras páginas do romance, era por ele descrito, no mínimo, com desprezo e aversão.

Em um primeiro momento, a impressão que se tem é a de que a possibilidade mesma de uma *Bildung* termina aí, e o pai ao mesmo tempo reforça e questiona tal sensação em afirmações como: "A ideia de transformação ainda não passa pela cabeça dele – apenas a condenação da essência. Ele ainda imagina que continua a mesma pessoa, dia após dia; é como se arrastasse consigo o fantasma de si mesmo, cada vez mais pesado [...] Melhor largá-lo para trás [...], levíssimo, recomeçar. Mas o que fazer com o filho nessa transformação libertadora? Ele pesa muito; é preciso arrastá-lo" (p. 69).

Se por um lado formas verbais como "imaginar" ou "passar pela cabeça" circunscrevem tais pensamentos ao pai de anos atrás, por outro a ideia de transformação é, de fato, atrelada à possibilidade de desfazer-se do filho e da rotina, e recomeçar seus anos de adolescência. Esse problema aparentemente insolúvel, com efeito, está na própria contradição que, segundo Franco Moretti em *The Way of the World: The* Bildungsroman *in European Culture* [O Modo do Mundo: o *Bildungsroman* na Cultura Europeia], é fundamental ao *Bildungsroman*. Segundo ele, o foco na juventude inerente a tal tipo de romance o torna "a 'forma simbólica' da modernidade [...], [por sua] habilidade de *acentuar* o dinamismo e a instabilidade da modernidade".[7] Contudo, a juventude é breve e não tarda a dar lugar a uma maturidade que, ao "conduzir a uma identidade estável e 'final'"[8] e figurar como o fim último da trajetória do herói, faz que "a estrutura *Bildungsroman* seja, por necessidade, *intrinsecamente contraditória*".[9]

Dentro dessa "contradição intrínseca", o nascimento do filho e a consolidação da família, ao

---

[7] Franco Moretti, *The Way of the World: The* Bildungsroman *in European Culture*. Londres, Verso, 1987, p. 5. Grifos do autor. Todas as traduções desta obra são de minha autoria.
[8] Ibidem, p. 8.
[9] Ibidem, p. 6. Grifos do autor.

firmarem-se como evidências da maturidade do pai – por mais exterior e forçada que esta pudesse aparecer –, poriam um fim definitivo a seus anos de formação e enterrariam qualquer transformação. Esse seria o caminho interpretativo a ser seguido se, conformando-nos com a contradição apontada por Moretti, aceitássemos indistintamente a exaltação da juventude nos tempos modernos e aplicássemos a *O Filho Eterno* a forma clássica do *Bildungsroman*.[10] Entretanto, uma rápida leitura do romance de Tezza já deixará claro que as transformações vividas pelo pai após o nascimento de Felipe foram ainda mais profundas do que as proporcionadas pelos "anos de formação" à maneira oitocentista. É o que transparece em passagens como "o pai ainda não sabe, mas começa a ter uma ideia de filho, a desenhar-lhe uma hipótese. Como se, ainda muito palidamente, a sombra da paternidade começasse enfim a cair sobre ele" (p. 68) ou "talvez seja isso – mas ele luta contra a ideia –, o fato de que o seu filho quebrou-lhe a espinha, tão cuidadosamente empinada" (p. 81).

Na próxima seção, veremos como o uso do discurso indireto livre permite ao narrador descolar-se do personagem e fazer comentários sobre

---

[10] Segundo Moretti, o *Bildungsroman* é específico da literatura oitocentista e se encerrou com a virada para o século XX. Ainda que tal posição seja questionável, a simples aplicação do modelo oitocentista (mas não exatamente o goethiano, como veremos adiante) ao romance de Tezza seria, no mínimo, inadequada.

ele, como fica visível nas passagens anteriormente citadas. O que cabe aqui colocar é que, através delas, esse processo de transformação do pai, isto é, seus "anos de formação" para aprender a ser pai de um menino com a síndrome de Down, coloca-se clara e irreversivelmente como o grande e fundamental processo de formação presente no livro. É quando o pai se desliga dos clichês relacionados a *Bildung* e à juventude na modernidade, é quando abre mão do modelo clássico da formação do artista, é quando enfim se reconhece sem o comando da encenação que fora sua existência até o momento,[11] é aí que a verdadeira *Bildung* pode afinal ter lugar.

Por verdadeira *Bildung*, entendo, na acepção de Georg Lukács em sua *Teoria do Romance*, "a reconciliação do indivíduo problemático – dirigido por um ideal que é para ele experiência vivida – com a realidade concreta e social. Essa reconciliação não pode nem deve ser um simples acomodamento".[12] Em outras palavras, a trajetória do indivíduo em seu processo de integração no mundo – neste caso, a aceitação do filho com a síndrome e a virada burguesa em sua vida – não pode vir apenas por meios exteriores – como o

---

[11] Interessante aqui é o trecho em que, falando do "interminável filme mental" que é seu modo de viver, "ele [já] não sabe se é o diretor ou o protagonista, ou, quem sabe, um marionete surdo" (p. 171).

[12] Georg Lukács, *Teoria do Romance*. Lisboa, Editorial Presença, 1962, p. 141.

nascimento do filho, o casamento, o emprego –, mas deve ser alcançada através de um processo interno e individual de desenvolvimento.

Nesse caso, os "anos de formação" representados pelos tempos na Europa e no teatro experimental problematizam o *Bildungsroman*, na medida em que apresentam uma série de lugares-comuns dessa forma – inclusive os firmados por Goethe –, sem trazerem à tona, contudo, uma reconciliação efetiva "entre a interioridade e o mundo".[13] Seria também possível pensar aqui em um pastiche do *Bildungsroman*, esse procedimento tão típico da narrativa pós-moderna.[14] No entanto, a trajetória do pai ao longo de toda a narrativa termina por trabalhar, precisamente, com a definição de *Bildungsroman* que, segundo Gohlman e dentro da proposta de Lukács, "é a que emerge dos escritos de Goethe. E em seu centro está a noção do indivíduo em contato com um mundo cujo sentido

---

[13] Ibidem, loc. cit. Prosseguindo no raciocínio de Lukács, poderíamos dizer que tais episódios correspondem à "romantização do real levada até ao ponto em que ele se torna completamente transcendente à realidade ou ainda – e é aí que, no plano artístico, o perigo se manifesta mais claramente – até uma esfera transproblemática onde já não se apresenta nenhuma questão e onde as formas estruturais do romance se tornam totalmente insuficientes" (Georg Lukács, op. cit., p. 149). Minha hipótese é a de que essa "transproblematização" seria uma estratégia narrativa de Tezza a ser contrastada com a transformação interna dentro do ambiente prosaico da vida familiar.

[14] Fredric Jameson aborda o tema em *Pós-modernismo: A Lógica Cultural do Capitalismo Tardio*. 2. ed. São Paulo, Ática, 1997.

deve ser ativamente trabalhado e retrabalhado até o ponto em que o herói esteja em posição de dizer, 'acredito que agora posso viver com isto'".[15]

Notemos ainda, nesse sentido, que quando o pai chega ao hospital, seu senso de estar atuando em um ambiente que claramente não reconhecia como seu é pontuado inúmeras vezes: "Como o diretor de uma peça de teatro indicando ao ator os pontos da cena: sinta-se assim; mova-se até ali; sorria. Veja como você retira o cigarro da carteira, sentado sozinho neste banco azul, enquanto aguarda a vinda do seu filho" (p. 13), ou "há um cenário inteiro montado para o papel, e nele deve-se demonstrar felicidade" (p. 10). Ou seja, é essa consciência aguda de sua inadequação ao papel de pai – e, principalmente, de pai de uma criança especial – o que deve ser de fato transformado no pai.

É essa a aprendizagem afinal levada a cabo no romance: a aprendizagem, já em uma reformulação de certos pressupostos básicos do *Bildungsroman*, segundo Moretti, de como ser maduro já tendo passado "em definitivo para um outro lado, ainda desconhecido".[16] O que o nascimento do filho traz é, em última instância, a aprendizagem da maturidade dentro da maturidade, uma vez que a juventude, ao contrário do que se passava na literatura oitocentista, já se

---
[15] Susan Gohlman, op. cit., p. 25.
[16] Franco Moretti, op. cit., p. 75.

mostrou insuficiente para retirar o personagem do pai de sua "infância teimosamente retardada" e levá-lo a considerar, enfim, que "relaxe; o tempo está escorrendo. O tempo não pode fazer nada contra você, ele pensa, além de envelhecê-lo, e a essa altura isso é muito bom" (p. 79).

3. Anos 70: diretos e livres

"O tempo não pode fazer nada contra você, ele pensa, além de envelhecê-lo, e a essa altura isso é muito bom" (p. 79). A passagem que fecha a última seção exemplifica bem os próximos aspectos a serem abordados. Em primeiro lugar, notemos a percepção da mudança por parte do pai que, como veremos, vai se desenvolvendo através de uma permanente perspectiva crítica de seu próprio passado e da adolescência nos "loucos" anos 70. Em segundo lugar, notemos como essa autor-reflexão do pai se dá na passagem em questão: em sua primeira parte, o "ele pensa" estabelece um explícito discurso indireto, que parece, entretanto, entremear as vozes do narrador e do personagem sobretudo no fim da passagem, "e a essa altura isso é muito bom". Como veremos, é a liberdade desse discurso indireto que permite ao pai, como narrador e personagem, observar a si próprio sem sair de si próprio.

Mas antes de entrar nos meandros do discurso indireto livre, comecemos por um dos primeiros momentos nos quais o personagem do pai se autoavalia. Refiro-me a uma das primeiras atitudes tomadas por ele após o anúncio da síndrome do filho, que é precisamente seu pedido a uma professora amiga de que fosse suspensa a publicação de um poema seu, "O Filho da Primavera", na *Revista Letras*, da UFPR. Após a transcrição integral do poema – o que por si só já constituiria um ato revisionista no presente da narração, visto que o Tezza de agora já opta pela publicação anteriormente intolerável –, segue-se uma leitura crítica por parte do pai, surpreendente para um ser que até então se supunha um predestinado da arte, e que compreende comentários como: "Nada aqui sou eu, disse ele em voz alta. Isso é um simulacro de poesia; cada verso deixa o seu rastro à vista, num amadorismo elementar. O 'nada do que não foi' é um eco longínquo e inepto do *Quatro Quartetos*, que por sua vez repete o Eclesiastes; mas a minha referência é postiça. Nunca assisti a uma missa inteira na vida" (p. 51) ou "a estrofe final, que parece uma marcha militar, vem de algum ideário marxista difuso, linguagem do tempo, estilo revolução cubana, companheiros, avante!, determinismo dialético, a ideia de que a causalidade absoluta da natureza se confunde com a causalidade contingente dos fatos da cultura e da história; 'realismo' socialista" (p. 51-52).

Notemos que, nesta análise, o pai dá início a um dos processos centrais na trama, o da releitura crítica de si mesmo. Se por vezes tal releitura se dá em relação a eventos de sua vida e a traços de sua personalidade, aqui ela começa com uma releitura da própria obra. E o fato de ocorrer antes da publicação do poema reforça ainda mais a ideia de construção, de algo em progresso, uma *Bildung* em ação em vez de uma simples revisão.

Nesse caso, o que está em questão é o exame crítico das referências do autor que, mais que literárias, moldavam sua forma de ver o mundo e de agir. Desde os ecos revolucionários, agora circunscritos a uma perspectiva histórica – "linguagem do tempo" –, até as aproximações canhestras de T. S. Eliot e da Bíblia, o que o futuro pai se esforçaria por mostrar era, como ele mesmo já acreditava sê-lo, "alguém que tem a compreensão literária da vida e os sonhos de um humanismo universal" (p. 176), e cuja maneira de expressar-se para o mundo, além da literatura, começara com o teatro experimental, "uma trupe escarrada dos anos 70, cabelos compridos, sandálias, barbas, violão, mochilas, maconha, calças boca de sino, paz e amor" (p. 173).

As aventuras vividas pelo pai nos anos 1970, com efeito, em muitos sentidos se aproximam das etapas delineadas por Heloisa Buarque de Hollanda em *Impressões de Viagem: CPC, Vanguarda e Desbunde 1960/70*, para examinar as respostas políticas e artísticas à ditadura militar nos anos 1960 e 1970. Por exemplo, no Centro Popular de Cultura (CPC) no início dos anos 1960, quando predominava a ideia da "arte como instrumento de *tomada do poder*"[17] e que, entretanto, gerava um "laborioso esforço de captar a 'sintaxe das massas' [que] significa para o escritor a escolha de uma linguagem que não é a sua",[18] o que conduzia à produção de "uma poesia metaforicamente pobre, codificada e esquemática".[19] Ou no progressivo desinteresse pela política no período imediatamente posterior, fortemente marcado pelo movimento tropicalista, no qual "aparece uma noção fundamental – não existe a possibilidade de uma revolução ou transformação sociais sem que haja uma revolução ou transformação individuais",[20] o que implica que "o engajamento na prática política é substituído pela valorização da 'mudança de vida' como tema emergente. Nesse sentido, observa a função 'liberadora' dos tóxicos e da psicanálise".[21] Ou, em um terceiro momento, com a ênfase na "atuação em circuitos alternativos ou marginais",[22] "a própria relação com as drogas ou com o sexo que se afirmava na geração anterior com um claro sentido subversivo, como instrumento de conhecimento e transgressão, aqui passa a ser sentida, sem ansiedade, como *curtição* de momento, como *realce*",[23] de modo que

---

[17] Heloisa Buarque de Hollanda, *Impressões de Viagem: CPC, Vanguarda e Desbunde 1960/70*. 5. ed. Rio de Janeiro, Aeroplano, 2004, p. 23. Grifos da autora.
[18] Ibidem, p. 30.
[19] Ibidem.
[20] Ibidem, p. 74.
[21] Ibidem.
[22] Ibidem, p. 107.
[23] Ibidem, p. 111.

"o cotidiano passa a ser arte".[24] Ainda que a postura do pai se alinhe sobretudo, até por questões cronológicas, com o terceiro período, ecos de todos eles podem ser sentidos em seus relatos. Não à toa, o romance *Ensaio da Paixão*, que aborda muitos dos traços acima citados, entre os quais o movimento *hippie*, as drogas e a ideia da arte como forma de vida, é referido pelo recém-pai como o livro que, como foi mencionado, "passará a limpo a sua vida" (p. 16).

Nesse sentido, a revisão crítica do passado, empreendida pelo pai e essencial à sua transformação ao longo de *O Filho Eterno*, revê também todo o ideário dos anos 1970 em perspectiva histórica, sem qualquer intenção de condenação ou arrependimento, mas sim com o necessário distanciamento de alguém que, como o pai, encontra-se forçado a assumir outras formas de agir e pensar. Do ponto de vista da criação literária, portanto, o pai se enquadraria no que Flávio Carneiro define, em *No País do Presente: Ficção Brasileira no Início do Século XXI*, como o período pós-utópico na literatura. Posterior e distinto da ficção dos anos 1970, na qual "era bastante visível o adversário contra o qual se insurgiu boa parte [desta ficção]",[25] isto é, a ditadura e a repressão por ela imposta, o momento pós-utópico é marcado por um "deslocamento dos

---
[24] Ibidem, p. 112.
[25] Flávio Carneiro, *No País do Presente: Ficção Brasileira no Início do Século XXI*. Rio de Janeiro, Rocco, 2005, p. 15.

grandes projetos para os projetos particulares, formulados em uma perspectiva menos pretensiosa, em que o posto de *missionário*, porta-voz do povo, é preenchido pelo cidadão comum, preocupado menos com rupturas radicais do que com a convivência possível com o próprio presente".[26]

Ainda que o pós-utópico, tal como definido por Carneiro, seja mais característico da ficção brasileira de fins do século XX, nesses primeiros anos do século XXI é esta, em minha opinião, a postura adotada por Tezza para repensar a utopia dos anos 1970. O projeto coletivo de teatro e o projeto grandioso de literatura são, em *O Filho Eterno*, substituídos pelo projeto individual, nada missionário e potencialmente burguês, de compreender e criar o próprio filho. E é curioso que, para levar a cabo tal projeto, de forma clara e sem um tom excessivamente confessional, Tezza percebesse a demanda do narrador em terceira pessoa. Como foi dito no capítulo 3, não é rara a reiteração, em entrevistas, de que a terceira pessoa "foi a minha porta de entrada": "Como eu vivi o que ele [o personagem do pai] viveu, a terceira pessoa me deu muito mais segurança. E, é claro, é uma terceira pessoa permeável, que avança frequentemente para a cabeça do personagem, embora nunca se confunda plenamente com ele".[27]

---

[26] Ibidem, p. 19. Grifos do autor.
[27] Cristovão Tezza, "Um Escritor Não Pode Ter Medo de Nenhum Tema". *Expresso*, Lisboa, ago. 2008. Disponível em: http://bibliotecariodebabel.com/tag/cristovao-tezza/

Ainda que a defesa da terceira pessoa sirva, em geral, para afirmar a maior facilidade de lidar com um tema espinhoso, possibilitada pela maior distância entre narrador e personagem, é curioso que, nessa passagem, Tezza mencione a permeabilidade – não plena – da cabeça do personagem à voz do narrador. E o "plenamente" aqui é fundamental, pois é ele que faz a técnica utilizada por Tezza ser não a do monólogo interior, mas a do discurso indireto livre.

Uma definição básica do termo como a conferida por Carlos Reis e Ana Cristina M. Lopes já se mostrará bastante reveladora: "É um discurso híbrido, onde a voz da personagem penetra a estrutura formal do discurso do narrador, como se ambos falassem em uníssono fazendo emergir uma voz 'dual'. [...] Este tipo de discurso permite representar os pensamentos da personagem sem que o narrador abdique do seu estatuto de mediador".[28] Trata-se quase sempre de uma coexistência breve entre ambas as vozes na qual, segundo Gérard Genette, "as duas instâncias [a voz do narrador e a do personagem] são confundidas",[29] mas diferentemente do monólogo interior, em que "o narrador se apaga e o personagem o *substitui*"[30] – seria este o caso de uma confusão "plena".

---

[28] Carlos Reis e Ana Cristina M. Lopes, *Dicionário de Teoria da Narrativa*. São Paulo, Ática, 1988, p. 277.
[29] Gérard Genette, *Figures III*. Paris, Seuil, 1972, p. 194. Todas as traduções desta obra são de minha autoria.
[30] Ibidem.

Tendo em *Madame Bovary* (1857), de Gustave Flaubert, seu exemplo possivelmente mais paradigmático, o discurso indireto livre já era sistematicamente utilizado nas primeiras décadas do século XIX, por exemplo, por Jane Austen, como mostra D. A. Miller em *Jane Austen: The Secret of Style* [Jane Austen: O Segredo do Estilo]. E o que era bastante visível já com Austen – e sobretudo com ela – é a possibilidade aberta por tal técnica de o narrador, ao confundir sua voz com a do personagem, criticá-lo e ironizá-lo, por meio da adoção de traços característicos da sua maneira de falar ou escrever. É através desse discurso indireto livre que "o modo de *dizer* da narração está constantemente tanto mimetizando quanto afastando-se do modo de *ver* do personagem".[31]

Vejamos, então, uma passagem como esta: "Não há mongoloides na história, relato nenhum – são seres ausentes. Leia os diálogos de Platão, as narrativas medievais, *Dom Quixote*, avance para a *Comédia Humana* de Balzac, chegue a Dostoiévski, nem este comenta, sempre atento aos humilhados e ofendidos; os mongoloides não existem" (p. 36).

Percebamos aqui de que maneira, sem que haja qualquer marcação indicando que agora o leitor está entrando na voz do personagem, tal como "ele pensou que", ou "ele disse a si mesmo que", ou ainda um par de aspas, sem qualquer

---

[31] D. A. Miller, *Jane Austen: The Secret of Style*. Princeton, Princeton University Press, 2003, p. 27.

entrada oficial na voz do pai, somos postos em contato com seus trejeitos verbais, como seu tom tipicamente grandiloquente e seguro de seu lugar predestinado no âmbito literário. Devido, principalmente, ao uso do imperativo nos verbos "leia", "avance" e "chegue", quase podemos imaginar o pai em uma mesa de bar com amigos, o cigarro à mão e o copo de cerveja pronto a ser esvaziado tão logo ele termine de expor em voz bem alta sua tese sobre a inexistência dos "mongoloides" da literatura.

Outro exemplo, situado na competição de natação para crianças com deficiências a que o pai levou o filho:

> Talvez seja apenas o pai que se irrita com aquele espetáculo ao avesso; talvez todos estejam realmente felizes com o encontro; ou, é mais provável, as pessoas estão todas razoavelmente bem, quando sozinhas, e sentem de fato o desejo de comunhão social que as competições representam, mas ao se agruparem sob o eco estúpido dos ginásios alguma coisa se perde, vai-se o fio da meada imaginária que as reunia (p. 154).

Nesse trecho, vemos como a voz do narrador, distinta do pai a ponto de explicitá-lo, cede aos poucos a uma indefinição entre as vozes dos dois. Se, por um lado, prossegue no raciocínio e no período estruturado por orações coordenadas claramente pertencentes à voz do narrador no início da passagem, por outro, desemboca em reflexões e até mesmo termos – como "eco estúpido" ou "fio da meada imaginária" – que tipicamente se inseririam na voz do pai.

Há ainda exemplos, mais raros, mas não menos significativos, de algo como um discurso indireto livre triplo ou de segundo grau, em que se confundem as vozes do narrador, do pai e de um terceiro personagem – isto é, o pai incorporando e produzindo um discurso dual entre sua voz e a voz do terceiro personagem. É o que se passa, por exemplo, quando o futuro pai vai trabalhar ilegalmente na Alemanha, ocupando postos que pertenceriam à população de baixa renda:

> Depois, a hostilidade dos imigrantes legais, de carteira assinada, contra aqueles estudantes filhos da puta que vinham ali, de pele clara, loiros e bonitos como um cromo nazista, para lhes tirar o emprego só por esporte, figurinhas entediadas trabalhando praticamente de graça (p. 110).

Portanto, se na primeira passagem citada há uma perceptível ironização do tom do personagem, na segunda, ainda que seus tiques verbais estejam presentes, o elemento irônico é menos agudo e, do ponto de vista do conteúdo, quase não chega a se confundir com a voz do narrador. Já a terceira, ainda que tenha seus ataques atribuídos aos personagens dos imigrantes legais, ao confundir-se com as outras vozes, constrói uma aguda autocrítica do personagem do futuro pai, inevitavelmente levada em conta pelo leitor e, portanto, estendida à caracterização do protagonista.

Assim, em maior ou menor nível, o narrador critica, ironiza e revê as opiniões, os atos e as posturas do pai antes e depois do nascimento do filho. Ao mesmo tempo, o mesmo discurso indireto livre que o afasta do personagem para observá-lo é o que permite uma aproximação mais intensa entre os discursos de ambos. Dessa maneira, se considerarmos que *O Filho Eterno* é um romance de forte conteúdo autobiográfico, ou uma autoficção, como foi exposto anteriormente, percebemos o quanto tal recurso é útil para reforçar simultaneamente a identidade entre o personagem do pai e o autor Tezza (estando o narrador aqui identificado com o autor) e o processo de transformação e amadurecimento pelo qual passam ambos no romance e na vida.

Em movimento paralelo, é o ideário dos anos 1970 que é revisto, em uma chave pós-utópica, pelos anos 2000. Trata-se de um processo interessante se levarmos em consideração o argumento de Monika Fludernik, em *The Fictions of Language and the Languages of Fiction* [As Ficções da Linguagem e as Linguagens da Ficção] de que a dualidade do discurso indireto livre é não apenas linguística, mas "o resultado de um trabalho interpretativo gerado na justaposição entre o teor do texto e as normas (por implicação incompatíveis) culturais e textuais do mesmo, tal como consumidas pelo leitor ou implícitas enquanto valores compartilhados pelo leitor e o mundo realístico do texto".[32] Por conseguinte, o que a obra de Tezza promove é também uma releitura crítica dos anos 1970 por parte do público leitor das primeiras décadas do século XXI. Em outras palavras, propõe-se a possibilidade aos leitores que de fato viveram aquela época, bem como aos mais jovens e nostálgicos, de repensarem as ideias e os eventos de então pelo ponto de vista de agora.[33] Autoficção coletiva? Talvez a expressão não seja inadequada, ainda que o que esteja em questão seja basicamente a experiência individualizada do pai – ou melhor, a experiência dupla entre pai e filho, como veremos nas próximas páginas.

4. *O duplo*

Ao chegar com a mulher e o filho à clínica do Rio de Janeiro que "oferece um programa completo de estimulação para crianças com

---

[32] Monika Fludernik, *The Fictions of Language and the Languages of Fiction*. Londres/Nova York, Routledge, 1993, p. 440. Tradução minha.

[33] Como sustenta Schøllhammer, "há [em *O Filho Eterno*] uma dimensão ética na proposta de escrita, uma encenação do 'eu' diante dessa realidade, que ganha uma amplitude e perspectiva de retrato de geração, na medida em que motiva um resgate de vários momentos da juventude do narrador, acompanhando os sonhos e as ambições de quem tinha apenas 20 e poucos anos na década de 1970 e que sofreu, aos 28 anos, o golpe brusco da chegada de um filho excepcional, como a interrupção de uma certa visão e postura diante do mundo". Karl Erik Schøllhammer, op. cit., p. 106.

a síndrome de Down" (p. 73), o pai tem a visão, descrita por ele como chocante, do salão em que os outros pacientes da clínica esperavam pelo atendimento: "São dezenas de pessoas, crianças, jovens, adultos — todos irremediavelmente lesados, um pátio dos milagres de deformações, [...] em tudo, como que a sombra de um universo duplo esmagado por um intransponível instante presente" (p. 83). Nessa passagem, com efeito, já se concentram alguns dos elementos a serem abordados nesta seção, tais como a percepção da passagem do tempo ou "a sombra de um universo duplo". Concentremo-nos agora, porém, no "pátio dos milagres". Trata-se de um lugar onde se agrupavam doentes, ladrões e vagabundos na Paris do século XVII, durante o Antigo Regime. O local é ainda um dos cenários do célebre romance de Victor Hugo, *O Corcunda de Notre-Dame*, que o definiu como um "imenso vestiário, em uma palavra, onde se vestiam e se desvestiam naquela época todos os atores dessa comédia eterna que o roubo, a prostituição e o assassinato encenam nas calçadas de Paris".[34]

A princípio, a comparação da clínica com tal ambiente corrobora com a visão desiludida, até certo ponto preconceituosa e "brutalmente biográfica" (ver a seção 1 do capítulo 3) manifestada pelo pai, sobretudo nos primeiros anos da vida do

---

[34] Victor Hugo, *Notre-Dame de Paris*. 3. ed. Paris, Éditions Garnier Frères, 1979. Tradução minha.

filho. Situá-lo em um ambiente cujos habitantes contrastam frontalmente e de antemão com as capacidades intelectuais e o poder de abstração que o pai vinha salientando a seu próprio respeito, isso apenas reforçaria a flagrante incompatibilidade entre pai e filho.

Notemos, contudo, um trecho mais próximo do fim do livro, em que o pai, ao se lembrar de quando foi preso com seu grupo de teatro pela suposta ocupação irregular de uma residência, menciona a "delegacia de Vila Mariana, [em que foi] avançando sob escolta com a trupe até a sala do delegado, na verdade um salão extenso, um pátio de milagres de mendigos, meliantes, desocupados, guardas entediados" (p. 175-76). Ora, é curioso que o narrador utilize uma mesma e peculiar expressão, a do "pátio dos milagres", para caracterizar agora uma experiência própria, da qual ele, ainda que estranha e transitoriamente, era componente. Estaria implicado nesse momento que os eventos da vida do pai podem equivaler aos da vida do filho, que podem dialogar com eles e estabelecer pontos de contato que, na trama romanesca, vão muito além da relação explícita entre pai e filho?

É precisamente esta a ideia que aqui proponho: que essa recorrência, bem como as passagens que analisaremos mais adiante, sugerem relações de aproximação, correspondência e contraste entre pai e filho. Tal como dispostas no livro, essas relações muitas vezes duplicam a vida do pai, mesmo que obliquamente, através da vida do filho.

Nesse caso, e considerando a própria posição do filho enquanto duplicação e prolongamento do pai, é possível indagar se o filho não assumiria o papel de uma espécie de duplo do pai, a seguir e moldar seus passos.

Antes de prosseguir nesse raciocínio, entretanto, pensemos brevemente a figura do duplo. Possuindo larga tradição na literatura ocidental, o duplo aparece já no diálogo *Simpósio* ou *O Banquete*, no qual Platão narra o mito da humanidade composta de gêmeos fisicamente atrelados um ao outro que, por seu orgulho e sua ambição, teriam sido divididos por Zeus, como menciona Gordon E. Slethaug em *The Play of the Double in Postmodern America Fiction* [O Jogo do Duplo na Ficção Americana Pós-moderna].[35]

O romantismo alemão, contudo, deu novo fôlego ao tema do Duplo ou *Doppelgänger*, sobretudo a partir da obra de Jean-Paul Richter, que, como afirma Otto Rank, no ensaio "Le Double" ["O Duplo"], "introduziu o motivo do Duplo no romantismo"[36] e viveu um de seus pontos altos na obra de Hoffmann, descrito também por Rank como "o poeta clássico do Duplo",[37] em obras como "O Homem de Areia".

---

[35] Gordon E. Slethaug, *The Play of the Double in Postmodern America Fiction*. Carbondale, Southern Illinois University, 1993, p. 8-9.

[36] Otto Rank, "Le Double". In: *Don Juan et le Double*. Paris, Petite Bibliothèque Payot, 1973, p. 20.

[37] Ibidem, p. 15.

O clássico estudo de Rank sobre o duplo na literatura aborda ainda obras significativas da prosa do século XIX, como as novelas *O Duplo*, de Fiodor Dostoiévski, ou *Dr. Jekyll ou Mr. Hyde*, de Robert Louis Stevenson, ou ainda o romance *O Retrato de Dorian Gray*, de Oscar Wilde. A respeito da literatura vitoriana na qual se incluem essas duas obras, Slethaug ressalta a rigidez dos elementos duais que apresenta em relação à postura mais calcada na resolução dos opostos que caracteriza a literatura sobre o Duplo no século XVIII e no início do XIX.[38]

Tal rigidez se desfará acentuadamente, porém, na literatura pós-moderna, e realizemos aqui um salto temporal para o estudo de Slethaug, calcado na ficção pós-moderna de autores como Vladimir Nabokov, Thomas Pynchon e John Barth, entre outros, sobre a qual afirma:

> Independentemente da seriedade ou jocosidade das obras, os pós-modernos transformaram o duplo, de um eu alternativo, em um artifício literário irônico, que solapa sugestões de harmonia universal, dualidade essencial, totalidade psicológica, ou significação estável. O conceito de duplo se desliga de seus vínculos literários e psicológicos tradicionais e agora compartilha características em comum com a crítica pós-estruturalista – a de Lacan, Barthes, Foucault e Derrida – que explora, e frequentemente rejeita, a natureza e as implicações

---

[38] Gordon E. Slethaug, op. cit., p. 12.

da sistematização binária do eu, dos padrões sociais e da linguagem. A literatura do duplo fala cada vez mais ao emprego de e ao ceticismo sobre os modos tradicionais de sistematização, classificação, categorização e estruturação.[39]

Ainda que a passagem seja extensa, sua citação se justifica pela clareza com que delineia o terreno móvel e hostil à sistematização que vinha se consolidando na segunda metade do século XX acerca da literatura sobre o duplo. Nesse contexto, e algumas décadas mais tarde, Tezza não lança mão de recursos metalinguísticos e fragmentações formais para compor O Filho Eterno, mas se utiliza da estratégia de pôr lado a lado eventos indiretamente dialogantes, tanto no interior de capítulos como através deles, que vão pouco a pouco formando duplicações, sutis e maleáveis, tanto de contraste quanto de similitude.

Dentre os contrastes mais flagrantes, está certamente a capacidade de abstração e de percepção da passagem do tempo, bastante aguda no pai e ausente no filho. Assim, afirmações como a de que "a vida [para o filho] é um presente perpétuo irredimível" (p. 149) se opõem a afirmações de que "tudo poderia ter sido de outra forma, mas o tempo é irredimível" (p. 81). De fato, os vaivéns dos pensamentos do pai, seja ao narrar eventos passados, seja em reflexões soltas, chocam-se

---
[39] Ibidem, p. 30.

claramente com a reiteração de que o filho não seria capaz de desenvolver nada semelhante, de que "o mundo que ele vê não é o nosso mundo. Ele não vê horizonte; nem o abstrato, nem o concreto. O mundo tem dez metros de diâmetro e o tempo será sempre um presente absoluto, o pai descobrirá dez anos mais tarde" (p. 130). Nesse trecho, é curioso notar como o "presente absoluto" se contrapõe ao "dez anos mais tarde".

Nesse momento, portanto, o filho se configura como uma espécie de duplo em negativo do pai, ao brutalmente negar em si as qualidades que o pai mais preza, as qualidades que o farão, afinal, um escritor – e, saindo por um instante do plano romanesco, porém ainda no autoficcional, o autor de *O Filho Eterno*.

Na página seguinte à última passagem, porém, o narrador sustenta que "houve o momento de pôr em prática o ideário neomedieval de viver na escala do camponês, agora sozinho. No caso dele, seria o artesão dos mecanismos, o relojoeiro. E numa pequena cidade, também na escala humana" (p. 131). Ora, não seria esse "ideário neomedieval", em última instância, algo próximo a um mundo de dez centímetros de diâmetro que permanecesse imerso em um presente absoluto? Nesse momento, o contraste antes tão evidente entre pai e filho talvez comece a se embaralhar. E tampouco é minimamente esclarecedor o fato de, nesse mundo ideal, o pai escolher a profissão de relojoeiro, ou seja, aquele que, ao pôr os ponteiros dos relógios para funcionar, redime o presente irredimível.

Outro episódio emblemático é aquele em que o pai, ao assistir ao filho atuando em uma montagem da *Comédia dos Erros*, de William Shakespeare, vê-o "exibindo-se tão sem vergonha até que um adulto o leve de volta para trás das cortinas. Para ele, os outros são apenas fonte de imitação, nunca de interação [...]. Seu filho vive mergulhos no próprio teatro" (p. 191). Seria um juízo típico do pai para com o filho, se no parágrafo anterior este já não houvesse refletido (bem tipicamente, aliás) sobre a época em que ele mesmo atuava: "Como não havia jamais intenção de paródia, e como a representação tentava desesperadamente ser a 'coisa-em-si' e não uma leitura ou uma interpretação, o ridículo beirava insidioso cada gesto, era o seu duplo ameaçador. [...] Em suma, a estetização da vida é seu ridículo. A sombra do *kitsch*, esse mundo paralelo, fantasma dos nossos gestos, moldura *prêt-à-porter* para colorir a insuficiência intransponível da vida" (p. 190).

O que essas frases implicam é que o pai, em suas antigas atuações, buscava atingir a "coisa-em-si" tanto quanto o filho e, tanto quanto o filho, poderia movimentar-se dentro do "ridículo insidioso". Tanto o pai quanto o filho buscam alcançar a "coisa-em-si" da vida pela sua estetização, levada a cabo no teatro. A grande diferença é que o pai tem consciência da possibilidade do ridículo, que se atormenta com esse "duplo ameaçador" que é o *kitsch* ao qual o filho se entrega sem ressalvas. Nesse sentido, o filho imita o pai, porém sem a autoconsciência deste, o que situa ambos simultaneamente próximos e afastados.

Outra dinâmica complexa de correspondência e oposição entre o filho e o pai é a referente à resistência e/ou incapacidade de crescimento. De um lado, o filho difere evidentemente do pai em sua já mencionada incapacidade de abstração. Ao contrário do pai, Felipe está no grupo das pessoas que "jamais chegarão à metade do quociente de inteligência de alguém normal; que não terão praticamente autonomia nenhuma; que serão incapazes de abstração, esse milagre que nos define; [...] a fala será sempre um balbuciar de palavras avulsas, sentenças curtas truncadas; será incapaz de enunciar uma estrutura na voz passiva [...]" (p. 34). De fato, poucas descrições destoam mais do personagem que vai sendo construído na figura do pai, este estudante de Letras, futuro professor e já escritor em início de carreira, cujas reflexões são extensamente expressas no romance.

Por outro lado, pensemos uma passagem como esta, pertencente ainda ao início do livro, quando o pai acabara de saber da síndrome de Felipe: "Tudo pode ser recomeçado, mas agora não; [...] agora tudo é de uma solidez granítica e intransponível; o último limite, o da inocência, estava ultrapassado; a *infância teimosamente retardada* terminava aqui" (p. 31, grifo meu). Nesse caso, o nascimento do filho aparece como uma negação do que o pai fora até então, uma exigência de que deixasse de ser "alguém provisório [...]; alguém que, aos 28 anos, ainda não começou a viver" (p. 9) e se fizesse "um homem do sistema" (p. 26). É essa a *Bildung* que estivemos discutindo na segunda seção deste capítulo.

Contudo, o filho exige do pai tal amadurecimento exatamente porque, como o pai, haverá de viver uma "infância teimosamente retardada".[40] É porque o filho não será um "homem do sistema" que obriga o pai a sê-lo, a limitar seus sonhos artísticos e políticos para pular de clínica em clínica atrás do melhor tratamento para a criança. Nesse sentido, Felipe figura como duplo do pai e, por essa semelhança com ele, ocupa indiscriminadamente seu lugar e o obriga a deslocar-se, a transformar-se, para fazer jus ao lugar agora ocupado por si mesmo. "Seu filho não envelhece" (p. 183) e, por isso, o pai será forçado a envelhecer. É nessa posição de concorrência implacável, portanto, que se dá a transformação do pai e a infância retardada chega de fato ao fim, desembocando em comentários como "ele não tem mais tempo. Ouve pela primeira vez rodar a engrenagem –

---

[40] Ainda que o termo "retardado" pudesse ser atribuído nos anos 1980 a crianças com síndrome de Down, como o narrador comenta a respeito de "mongolismo", não há em todo o romance uma correspondência visível entre o "retardado" da citação anterior e o que seria um retardo mental do filho. Portanto, a meu ver, não cabe entender a expressão "teimosamente retardada" como referência indireta à síndrome.

poderosa do tempo, e um discreto pó de ferrugem já transparece nos objetos que toca. Finalmente o tempo começa a passar" (p. 115).

Vemos, portanto, que o filho e o pai apresentam semelhanças e diferenças radicais, e mais ainda: ao oscilar entre o mesmo polo e o polo oposto ao do pai, o filho desestabiliza a ordem antes fixada por este, leva-o a transformar-se, a afastar-se da própria infância para garantir a infância do filho e, ao mesmo tempo, a adaptar-se à ordem e ao sistema que um filho como este impõe, levando-o a criar "uma estabilidade tranquila, [...] o poder maravilhoso da rotina, ele pensa, irônico. Transforma tudo na mesma coisa, e é exatamente isso o que queremos" (p. 183). Ainda assim, isso não impede que o pai fuja do rótulo de "homem do sistema", seja em suas noites em bares, seja sobretudo em sua produção literária. Como sustenta Carl Francis Keppler, em *The Literature of the Second Self* [A Literatura do Segundo Eu], "admitidamente, o segundo eu sempre sugere algum aspecto do primeiro eu que foi suprimido ou não percebido, mas que está sempre, e em princípio, imaginativamente vivo".[41]

---

[41] Carl Francis Keppler, *The Literature of the Second Self*. Tucson, University of Arizona Press, 1972, p. 9. A falta de espaço neste capítulo impedirá um exame mais detido da teoria de Keppler, segundo a qual o termo "duplo", por dar excessiva margem a ambiguidades e indeterminações, deveria ser substituído pela expressão "segundo eu", que reforça a ideia do duplo como um ser separado e independente, em vez de um mero desdobramento do primeiro eu (Carl Francis Keppler, op. cit., p. 3).

Nesse sentido, caberia inclusive aproximar tal dinâmica ao texto "O Duplo", abordado no capítulo 1 deste livro, que Tezza conclui com as seguintes palavras: "O pai não está lá, mas foi preciso que isso se transformasse em verdade para que o menino que hoje contemplo entrasse na história e absorvesse enfim o poder irredimível do tempo".[42] Se, em um interessante jogo de simetrias, substituirmos "o pai não está lá" por "o filho está lá", teremos uma ideia razoável do que aqui proponho.

Detenhamo-nos, por fim, na seguinte passagem, pertencente já ao fim do romance em tom de conclusão:

> E, sub-repticiamente, a tentativa de acompanhar o menino exerceu também uma influência inversa, a do filho sobre ele, também um pai com permanente dificuldade para a vida adulta madura, seja isso o que for, ele pensa sorrindo [...]. Anos depois, ele imagina, tudo pode ser desenhado claramente, com uma boa teoria na mão, mas na vida real não temos tempo para pensar em nada. O tempo presente é um tatear no escuro, o pai se desculpa (p. 192).

É interessante ver, aqui, como não apenas o pai conservou algo de sua "dificuldade para a vida adulta madura", mas essa dificuldade também se

---

[42] Cristovão Tezza, "O Duplo". *Folha de S. Paulo*, São Paulo, jun. 2011, p. 9.

reflete na dificuldade equivalente do filho e se influencia por ela. E a consciência de ser o tempo presente um "tatear no escuro", ao mesmo tempo que ressoa a noção temporal de Felipe, apresenta-a sujeita, como queria o pai dos primeiros capítulos, à teoria futura e à historicização. Opostos e idênticos, portanto, complementam-se e distinguem-se um do outro.

5. Considerações finais

Com essas considerações finais e chegando ao fim desta exposição, façamos uma breve recapitulação dos tópicos abordados. No capítulo 1, expus brevemente eventos representativos da vida de Cristovão Tezza, desde a morte do pai na infância, seus projetos e aventuras na juventude, a carreira na universidade e na literatura, a formação da família e sua atual situação de escritor *full time*. No capítulo 2, visitamos o conjunto de sua obra e foram tecidos alguns comentários sobre cada uma em particular, desde as primeiras publicações semi-independentes até a passagem por grandes editoras. Nessa visão panorâmica, alguns motivos se fazem notar com mais frequência. Por exemplo, o dos personagens que navegam por diferentes obras, o do livro dentro do livro ou a metaficção, o do duplo e o do diálogo com outras formas artísticas, como o teatro e as artes plásticas, além de uma intensa diversidade de discursos por vezes contrastantes.

Já no capítulo 3, iniciamos uma abordagem propriamente dita de *O Filho Eterno*. Em primeiro lugar, examinamos a posição instável do livro entre romance e autobiografia, vimos por que seria inconsistente pensá-lo apenas como um ou como outro e por que o termo "romance autobiográfico" tampouco seria suficientemente acurado. Tais considerações nos levaram a pensá-lo como autoficção, termo relativamente recente e objeto de intensos debates da última década, mas que daria conta de traços fundamentais de *O Filho Eterno*, como seu estatuto híbrido de romance de autobiografia – ainda que oficialmente seja vendido como um romance – e sua estrutura romanesca que, contudo, não procura escamotear os dados referenciais. Em seguida, contextualizamos a obra no panorama da ficção nacional e da internacional, aproximando-a de livros de autores como Bernardo Carvalho, João Gilberto Noll, Marcelo Mirisola, Kenzaburo Ôé, Giuseppe Pontiggio e J. M. Coetzee, mostrando pontos de contato com eles, tais como a problematização da identidade, dos limites entre fato e ficção e da apropriação de dados biográficos em textos ficcionais. Por fim, avaliamos *O Filho Eterno* dentro da produção ficcional do próprio Tezza, levantando a possibilidade de o romance em questão trazer uma nova proposta de ficção para o conjunto da obra de Tezza, na qual, em termos bakhtinianos, a refração da voz do autor em relação às dos personagens seria próxima a zero – e, ainda assim, estamos diante de uma obra de ficção.

Chegando ao capítulo 4, realizamos uma leitura mais cerrada da obra, para a qual, após um resumo do enredo, adotamos três eixos interpretativos. Em primeiro lugar, a aproximação com a forma do *Bildungsroman*, porém com a diferença fundamental de que, ao contrário do que ocorre nos clássicos *Bildungsromane* do século XIX, a verdadeira formação do pai não se dá em seus anos de juventude, antes de chegar à vida adulta, mas precisamente nesta chegada, nesta necessidade de internalizar as novas regras do jogo trazidas pelo nascimento do filho. Em segundo lugar, a releitura crítica de si mesmo realizada pelo pai enquanto narrador, no momento da narração, ao pai jovem, tanto antes quanto após a vinda de Felipe. Para que essa releitura se realizasse, e para que o narrador explicitasse as transformações vividas pelo pai sem ter de se separar completamente dele, foi usado o recurso do discurso indireto livre, por permitir o desenvolvimento de um discurso dual, no qual as vozes do narrador e do personagem se confundem, ainda que nunca plenamente, de modo que o narrador possa criticar o personagem exatamente por incorporar seu modo de falar. Por fim, as relações de duplicação entre pai e filho, tanto de continuidade quanto de contraste, embaralham as fronteiras entre ambos. Por um lado, o filho muitas vezes se assemelha ao pai de forma muito mais intensa do que a aguda oposição inicialmente exposta entre os dois permitiria pensar. Por outro lado, é precisamente essa insuspeitada semelhança o que coloca ambos em posição de concorrência na "infância eterna", obrigando, afinal, o pai a se transformar para que o filho pudesse viver na eterna infância estabelecida pela síndrome.

Ao longo desse percurso, procurei trazer ao leitor um pouco da riqueza da obra de Tezza, tanto antes quanto após a publicação de *O Filho Eterno*. Espero, ademais, que o estudo da obra aqui empreendido possa tanto auxiliar o leitor na leitura desse romance quanto lhe mostrar, em linhas inevitavelmente resumidas e incompletas, por que *O Filho Eterno* vem conquistando tantos admiradores, colecionando prêmios e firmando-se como uma obra fundamental na literatura brasileira – e provavelmente não apenas na contemporânea.

PASSAGENS ILUSTRATIVAS DA OBRA

Súbito, a porta se abre e entram dois médicos, o pediatra e o obstetra, e um deles tem um pacote na mão. Estão surpreendentemente sérios, absurdamente sérios, pesados, para um momento tão feliz – parecem militares. Há umas dez pessoas no quarto, e a mãe está acordada. É uma entrada abrupta, até violenta – passos rápidos, decididos, cada um se dirige a um lado da cama, com o espaldar alto: a mãe vê o filho ser depositado diante dela ao modo de uma oferenda, mas ninguém sorri. Eles chegam como sacerdotes. Em outros tempos, o punhal de um deles desceria num golpe medido para abrir as entranhas do ser e dali arrancar o futuro. Cinco segundos de silêncio. Todos se imobilizam – uma tensão elétrica, súbita, brutal, paralisante, perpassa as almas, enquanto um dos médicos desenrola a criança sobre a cama. São as formas de um ritual que, instantâneo, cria-se e cria seus gestos e suas regras, imediatamente respeitadas. Todos esperam.

Há um início de preleção, quase religiosa, que ele, entontecido, não consegue ainda sintonizar senão em fragmentos da voz do pediatra:

– ... algumas características... sinais importantes... vamos descrever. Observem os olhos, que têm a prega nos cantos, e a pálpebra oblíqua... o dedo mindinho das mãos, arqueado para dentro... achatamento da parte posterior do crânio... a hipotonia muscular... a baixa implantação da orelha e...

O pai lembra imediatamente da dissertação de mestrado de um amigo da área de genética – dois meses antes fez a revisão do texto, e ainda estavam nítidas na memória as características da trissomia do cromossomo 21, chamada de síndrome de Down, ou, mais popularmente – ainda nos anos 80 – "mongolismo", objeto do trabalho. Conversara muitas vezes com o professor sobre detalhes da dissertação e curiosidades da pesquisa (uma delas, que lhe veio súbita agora, era a primeira pergunta de uma família de origem árabe ao saber do problema: "Ele poderá ter filhos"? – o que pareceu engraçado, como outro cartum). Assim, em um átimo de segundo, em meio à maior vertigem de sua existência, a rigor a única que ele não teve tempo (e durante a vida inteira não terá) de domesticar numa representação literária, apreendeu a intensidade da expressão "para sempre" – a ideia de que algumas coisas são de fato irremediáveis, e o sentimento absoluto, mas óbvio, de que o tempo não tem retorno, algo que ele sempre se recusava a aceitar. Tudo pode ser recomeçado, mas agora não; tudo pode ser refeito, mas isso não; tudo pode voltar ao nada e se refazer, mas agora tudo é de uma solidez granítica e intransponível; o último limite, o da inocência, estava ultrapassado; a infância teimosamente retardada terminava aqui, sentindo a falta de sangue na alma, recuando aos empurrões, sem mais ouvir aquela lengalenga imbecil dos médicos e apenas lembrando o trabalho que ele lera linha a linha, corrigindo caprichosamente aqui e ali detalhes de sintaxe e estilo, divertindo-se com as curiosidades que descreviam com o poder frio e exato da ciência a alma do seu filho (p. 29-31).

Comentário: É neste trecho, como podemos perceber, que a síndrome do filho é finalmente apresentada ao pai, aos outros personagens e ao leitor. Notemos a criação de suspense em trechos como "súbito, a porta se abre", "foi uma entrada abrupta, até violenta", "todos se imobilizam – uma tensão elétrica, súbita, brutal, paralisante, perpassa as almas" ou na expressão "absurdamente séria" dos médicos antes de a síndrome ser efetivamente anunciada. Se a tais recursos somarmos o fato de que, a essa altura, já estamos no quarto capítulo, perceberemos como a criação do suspense se coloca como um elemento relevante, ainda que o leitor possa romper esse suspense ao ler a orelha do livro, cujo primeiro parágrafo já o desfaz.

Da mesma maneira, notemos as frases hesitantes e as reticências das palavras dos médicos a serem imediatamente contrastadas com a segurança com que o pai desenvolve o tema nos parágrafos seguintes, usando para tanto a referência à dissertação de mestrado de um amigo sobre o tema, que ao mesmo tempo lhe fornece a base científica a ser transmitida ao leitor e aprofunda o desconcerto do pai: conhecendo tão bem as consequências da doença do filho, não lhe resta sequer o refúgio na inconsciência de sua própria situação, o que poderia vir a aliviar seu sofrimento. Ao contrário, o conhecimento aqui só torna mais completa e mais aguda a dor do pai.

Por fim, notemos a introdução fundamental da ideia de irreversibilidade, já expressa no título da obra com a menção à eternidade e agora introduzida pela expressão "para sempre", que atravessará a obra e se afirmará como um de seus motivos fundamentais.

★

Não, nada mais será normal na sua vida até o fim dos tempos. Começa a viver pela primeira vez, na alma, a angústia da normalidade. Ele nunca foi exatamente um homem normal. Desde que o pai morreu, muitos anos antes, seu padrão de normalidade se quebrou. Tudo o que ele fez desde então desviava-o de um padrão de normalidade – ao mesmo tempo, desejava ardentemente ser reconhecido e admirado pelos outros. O que, bem pensado, é a normalidade absoluta, ele calcularia hoje. Uma criança típica, um adolescente típico. Um adulto típico? Era uma mistura de ideologia e de inadequação, de sonho e de incompetência, de desejo e de frustração, de muita leitura e nenhuma perspectiva. Todos os projetos pela metade, tudo parece mais um teatro pessoal que alguma coisa concreta, porque eram poucos os riscos. O medo da mesma solidão que ele alimentava todos os dias. A tentativa de se tornar piloto da marinha mercante, a profissão de relojoeiro, o envolvimento no projeto rousseauniano-comunitário de arte popular, a dependência de um guru acima do bem e do mal, a arrogância nietzschiana e autossuficiente com toques fascistas daqueles tempos alegres (ele percebe hoje), enfim a derrocada de se entregar ao casamento formal assinado naquela papelada ridícula num evento mais ridículo ainda vestindo um paletó (mas não uma gravata, ele resistiu, sem gravata!), a falta de rumo, uma relutância estúpida em romper com o próprio passado, náufrago dele mesmo, depois o curso universitário com a definitiva integração ao sistema, mas nenhuma de suas vantagens, desempregado indócil, escritor sem obra, movendo-se na sombra ensaboada de seu bom humor – e agora pai sem filho (p. 40-41).

Comentário: Neste trecho, como podemos perceber, o pai repassa os principais eventos de sua vida anteriores ao nascimento do filho. A maneira como os descreve evidencia a inadequação do filho a todo o projeto de vida do pai, colocando aquele como uma espécie de elemento "aburguesador" deste, mas, ao mesmo tempo, aponta para o início do longo processo de revisão de valores empreendido pelo pai ao longo do livro. Ou seja, vemos como o filho, antagonista em um primeiro momento, se torna essencial ao processo de formação e amadurecimento do pai.

★

Escrever: fingir que não está acontecendo nada, e escrever. Refugiado nesse silêncio, ele volta à literatura, à maneira de antigamente. Uma roda de amigos – o retorno à tribo – e ele lê em voz alta o capítulo quatro do *Ensaio da Paixão*, que continua a escrever para esquecer o resto. Ler em voz alta: um ritual que jamais repetiu na vida. Naquele momento, ouvir a própria voz e rir de seus próprios achados, com a plateia exata, é um bálsamo. E ele escreve de outras coisas, não de seu filho ou de sua vida – em nenhum momento, ao longo de mais de vinte anos, a síndrome de Down entrará no seu texto. Esse é um problema seu, ele se repete, não dos outros, e você terá de resolvê-lo sozinho. Fala muito em voz alta, e ri bastante – não será derrotado pela vergonha de seu filho, ainda que tenha de fazer uma ginástica mental a cada vez que se fale dele em público. Simular, quem sabe, que o filho não nasceu ainda – que alguma coisa vai acontecer antes que o irremediável aconteça. Escreva, ele diz – você é um escritor. Cuide do mínimo – o resto virá sozinho. A criança vai bem, em silêncio no quarto. Não há muito o que fazer. Já sabe que é preciso estimulá-la, mas as informações são poucas e vagas, e ele odeia médicos, hospitais, enfermarias e enfermeiros, tratamentos, remédios, doentes, planos de saúde (nunca teve nenhum), prescrições, bulas, farmácias. Sente dificuldade em olhar o filho, que lhe lembra sempre tudo o que não lhe agrada. Pediu expressamente à professora que não publique o poema, aquele poema ridículo, e parece – ele se lembra vagamente – que ela disse sim, a coisa seria retirada da revista. É um alívio. Os leitores deveriam ser poupados daquela baboseira horrorosa (p. 63-64).

Comentário: Este é um dos não muito comuns momentos metanarrativos do livro, no qual o narrador discorre sobre a possibilidade — ou melhor, impossibilidade — de tratar da síndrome do filho em seus escritos. "Em nenhum momento, ao longo de mais de vinte anos, a síndrome de Down entrará no seu texto": uma afirmação como esta se refere tanto ao posicionamento do narrador na época quanto à possibilidade de sua revisão, explicitada pela própria escrita do livro. Aqui, a compreensão do romance como autoficção é fundamental, pois as barreiras entre a figura do narrador e a do autor estão completamente borradas: o narrador aponta a impossibilidade de uma ação a ser futuramente levada a cabo pelo autor. Nesse caso, o "ao longo de mais de vinte anos" denota não apenas a ideia de um longo período a ser transcorrido, mas também a ideia de um limite a ser atingido, ou seja, após "mais de vinte anos" a síndrome de Down efetivamente entrará em seu texto, como o prova a própria existência do livro.

★

A clínica fica num morro, rodeada de verde — anos depois ele ainda lembrará nitidamente aquele prédio de linhas azuis, imponente como um colégio velho, a ansiedade com que se aproximou, a sua permanente ansiedade diante de situações novas e dos perigos de perder, ou apenas arranhar, sua autoestima. Talvez seja isso — mas ele luta contra a ideia —, o fato de que o seu filho quebrou-lhe a espinha, tão cuidadosamente empinada. Por acaso. Tudo poderia ter sido de outra forma, mas o tempo é irredimível. O acaso e o não acaso que me trouxeram aqui, ele pensa, enquanto espera ser atendido. O acaso está aqui no colo da mãe; nós, que já fomos acaso, estamos aqui por escolha. Um programa completo, ele relembra – isso pode nos distrair. Mais uma vez na antessala dos hospitais, das clínicas, das enfermarias, da sombra das doenças e da morte, da assepsia dos corredores. A espinha quebrada, ele repensa. A pobreza em torno: deficiência é coisa de pobres, molambentos, miseráveis, retirantes, necessitados, na face aquela exigência crispada de alguma justiça e ao mesmo tempo os olhos que se abaixam a tempo antes que a borduna arrebente-lhes a cabeça, mendigos rastejando nas esquinas, ecos de uma pobreza imortal, de cócoras, reverberando pelos séculos a vergonha de estar vivo. E no entanto aqui estou eu, com meu pequeno leproso no colo, para a delícia imaginária de alguma madre superiora a assomar no átrio do hospital em seu único momento real de felicidade, a vida inteira a se punir, o silício na alma, mas é preciso que ela leve alguém junto para o fogo daquele inferno particular, e a madre superiora sorri, toda de negro na sua pequena morte cotidiana, o falso sorriso, as unhas avançam para o suave carinho na cabeça do bebê, que, incauto, dorme.

Ele sacode a cabeça: eu estou enlouquecendo. O nome disso é ressentimento, ele se policia. A jovem que os atende é gentil e determinada: não se antecipe, ele se diz. Ele repete um bordão, que ele mal ouve: os pais não são o problema; os pais são a solução. Ele preferia não estar ali. Ele preferia estar em casa, fumando um cigarro e escrevendo o seu livro, que fala de outras coisas, muito mais importantes do que esse pragmatismo que, para onde quer que olhe, se deixa envolver não por um sentimento de humanidade, mas de religião, essa pequena e pegajosa transcendência dos dias. É um programa coletivo – depois da avaliação individual, terão um roteiro completo, uma aula, um sistema, uma grade de orientação (p. 81-82).

Comentário: Esta passagem trata de um tema bastante comum em *O Filho Eterno*: o da assepsia dos hospitais e de todo o aparato clínico necessário à criação do filho. Por se revelarem tão estranhos a qualquer ideia de rotina anteriormente formulada pelo pai, tais elementos, ao serem introduzidos na narrativa, apenas aprofundam a ideia geral de que "o seu filho quebrou-lhe a espinha". Ainda assim, a autocrítica a seguir – a de que a espinha teria sido "tão cuidadosamente empinada" – sugere uma revisão desse sentimento inicial de impotência e desespero diante da nova rotina que se entrevia, revisão essa que, aliás, já vinha se esboçando em pensamentos atribuídos ao narrador naquela época, tais como "ele sacode a cabeça: eu estou enlouquecendo. O nome disso é ressentimento, ele se policia".

★

Apenas cinco anos atrás – é uma memória recente. No seu livro, há um personagem que levita. O realismo mágico nas mãos dele sofre a corrosão da sátira e da caricatura – e, ao final, da alegoria. Como resposta gandhiana à violência estúpida dos militares que invadem a ilha da Paixão atrás de comunistas e maconheiros, Moisés, magro e pálido como um faquir, eleva-se do solo e paira no ar feito um beija-flor em posição de lótus, até que à força de cacetadas violentas, desaba de volta ao chão, já morto, para alívio dos militares – *Ponham esse filho da puta no chão*, é a ordem que os soldados recebem e cumprem aos gritos. O escritor levanta-se, eufórico – uma bela cena! Não é, na verdade – o livro que ele escreve ainda não tem um fio narrativo; ele não sabe, de fato, o que está escrevendo; mas não importa – acende outro cigarro e olha o teto. Súbito, escreve outra frase, a letra miúda sobre a folha amarela. Lembra-se do filho. Na sala, a criança já chegou ao chão, e olha intrigada para o relógio que tiquetaqueia a um palmo de seus olhos inseguros. Ele pega carinhosamente o ratinho e coloca-o de novo no alto da rampa – e dá corda no relógio. Recomeça a luta para descer ao chão. Os olhos da criança procuram o som estridente do despertador que dispara em algum lugar do espaço – ele levanta a cabeça, e o braço esquerdo se move, o que o obriga a mover o direito. Avançou dois dedos.

O trabalho da lavanderia vai só até as onze da manhã. Dali, ele é levado a outro setor, o de limpeza. Com outro uniforme agora, um macacão de serviço, sobe de elevador, com balde, vassourão e detergentes, até o alto do prédio e recebe uma explicação sumária: limpar o chão dos quartos, apartamentos e ao longo do corredor. As duplas são distribuídas de andar em andar. Tem por companhia um estrangeiro, que ele imagina árabe ou turco; assim que ficam sós, o homem segura-lhe o braço, mostrando o chão, e diz com um toque de ameaça no idioma das palavras-chave do universo imigrante: "*Ich, curridor! Ich, curridor!*". O que significa que em seu começo de serviço já terá a parte mais difícil, entrar no quarto e fazer a limpeza enfrentando obstáculos. Não discute. [...]

Num raro sábado livre, passeando por Frankfurt, entra numa livraria – milhares, milhões de livros, todos escritos em alemão. Avançando pelos corredores, reconhece e alimenta-se de alguns nomes conhecidos: John Steinbeck, Heinrich Böll, Scott Fitzgerald, Cortázar, Thomas Mann, uma família caótica. Diante daquele mundo que aqui ele não pode ler, estetiza a cena lembrando da frase de Borges, uma figura esguia nas sombras, já quase um decalque de Andy Warhol, criador e vítima da própria obra, as mãos em primeiro plano pousadas sobre a bengala: "Suprema ironia, Deus me deu todos os livros do mundo e a escuridão". Uma afirmação elegante e refinada como um lance de xadrez, em meio a tigres na biblioteca, caminhos que se bifurcam e *alephs* de plástico para consumo intelectual. [...]

A criança chegou novamente ao chão. É o momento mais difícil, e ele interrompe o romance para acompanhar o filho no esforço da respiração escassa. Coloca a pequena máscara de plástico no rosto dele, cobrindo apenas o nariz e a boca – o elástico prende-se suavemente à nuca. O mínimo movimento de mão que ele fizer vai liberar sua respiração – mas esse mínimo custa muito. [...] A mão do bebê procura a máscara para arrancá-la dali, uma tarefa difícil – há um caos de desencontros entre o esboço da intenção e o gesto em si, que avança sem rumo, enquanto a máscara incha e desincha por força de seu vazio crescente e de seu desespero, até que afinal a própria criança se livra do estorvo, e a respiração parece que se amplia na felicidade do ar renovado, o alívio bruto, a súbita e violenta oxigenação de cérebro: o pai quase que vê os pequenos pulmões inchando e desinchando além de seu limite, agora de volta à vida. Sim, essa brutalidade faz sentido, ele pensa – talvez (isso ele não pensa) de fato a criança tenha de conquistar o seu direito de se tornar um filho. Coloca-a de novo no alto da rampa, e volta ao quarto, onde se fecha para o prazer do livro, e, em sentido contrário, acende o cigarro e dá a tragada interminável que o inebria, o poder da droga absorvida por todas as ramificações da alma. Escreve mais algumas linhas, rapidamente – olha para o alto, suspira, sopra a fumaça, e sonha (p. 101-05).

Comentário: Este longo trecho trabalha uma superposição de níveis narrativos bastante característica de *O Filho Eterno*. Primeiramente temos, no presente, a escrita de um dos primeiros livros de Tezza, *Ensaio da Paixão*, e a costumeira postura crítica do narrador já distanciado dos primeiros anos de vida do filho. Depois voltamos à atividade de estimulação motora e mental da criança, que a realiza enquanto o pai escreve e pensa, por exemplo, no próximo nível, que será o de seus anos como um jovem trabalhador ilegal em um hospital alemão, decorrentes antes do desejo de aventura e do projeto de juntar dinheiro para viajar pela Europa do que de uma real necessidade de sobrevivência. O próximo nível prossegue na Alemanha, mas trata das horas vagas em que o pai aproveita para passear pelas ruas de Frankfurt, visitar uma livraria e complementar intelectualmente o processo formativo clássico que embasa a viagem. Por fim, a criança chega ao chão e a ação passa para seu ponto mais difícil, o da tarefa de prender a respiração do filho até que este encontre sozinho uma saída. Notemos que a aflição e o alívio do filho encontram ecos na dificuldade do trabalho no hospital e o posterior alívio de passear ao ar livre, assim como a súbita oxigenação de Felipe ("o pai quase que vê os pequenos pulmões inchando e desinchando além de seu limite, agora de volta à vida") ecoa "a tragada interminável que o inebria" realizada pelo pai nas frases seguintes, ao trancar-se novamente no quarto e acender um cigarro.

★

Há uma ilusão de normalidade em curso, o que o impede de pensar mais detidamente no filho. A creche que ele frequenta é de crianças normais, frequentada por filhos de uma certa classe média urbana mais ou menos esclarecida, com dinheiro para pagar e uma cartilha de boas intenções humanistas na bolsa. [...] O inesgotável poder da mentira se sustenta sobre o invencível desejo de aceitá-la como verdade.

É o que também acontece com ele, quando pensa no filho invisível. A normalidade da creche tranquiliza-o. Ainda é incapaz de conversar com as pessoas sobre seu filho; bons novos amigos que conhece e com quem convive ou se corresponde, ele oculto na confortável solidão curitibana, passarão anos sem saber que ele tem um filho com síndrome de Down, o nome que agora, em definitivo, sinal dos tempos politicamente corretos, desbancará o famigerado "mongolismo". Parece que há duas forças agindo nesse seu esmagamento silencioso da verdade. Uma delas é a boa e velha vergonha – o filho será sempre o fio de prumo de nossa competência, a medida implacável da qualidade dos pais. Sim, é claro, no caso dele há o álibi genético – coitado, ele não tem culpa – mas é uma desculpa insuficiente, parece; o filho o diminui; ele vive sob um orgulho mortal das próprias qualidades, alimenta-se delas, refugia-se nelas, ainda que em silêncio. De que adianta saber que ele "não tem culpa"? O fato de ser homem letrado e esclarecido, povoado de humanismo e civilização, não faz nenhuma diferença – emocionalmente, escritor que escolheu ser, é mais inseguro que o filho, que, é verdade, vem crescendo sob um bom roteiro. [...]

A teimosia da síndrome começa a se suavizar. Lentamente o peso da civilização, esse misterioso conjunto de regras invisíveis que nos lembram o tempo todo a dimensão de uma presença alheia que preciso respeitar, mesmo que não saiba por que ou contra a minha vontade, passa a agir nos gestos do filho, a ponderar – de algum espaço escuro da cabeça – a escolha entre opções; parece, o pai imagina, que o filho já não faz as coisas porque não pode fazer diferente, mas porque escolhe fazê-las; é capaz de escolhê-las. E, o pai suspira, as escolhas cada vez mais parecem boas. O repertório ainda pequeno, as opções são estreitas, mas já há nítida a referência de uma autoridade que ele tem de pesar, cuidadoso, antes de agir. Um eixo de medida dos próprios passos, aliás cada vez mais equilibrados. O menino faz natação desde praticamente bebê, e é bom nisso. É claro que, na vida real, tudo se transforma em competição. Em eventos, encontros e concursos de natação para pessoas especiais, quase sempre desorganizados, que sempre se atrasam horas, o que transforma a festa em si – que tem o condão de elevar a autoestima das crianças – num pequeno inferno de parentes angustiados para disfarçar o mal-estar daquele pátio de milagres em que todos sorriem sem alegria, agitam-se desencontrados, elogiam-se tensos e torcem insanamente, aos gritos, pelos seus excepcionais em nome da Vitória Final, o Grande Triunfo, lá vão as crianças aprender as regras da perpétua corrida dos cavalos, que sentem dificuldade para compreender mas cuja aura assimilam instantâneas: é preciso ganhar. [...]

O território da normalidade imaginária chegou ao fim – o pai já teve as férias dele, mas não sabe ainda. Convenientemente autista, não entende bem quando a diretora diz que quer conversar face a face com ele, a voz grave. Ela já deu várias dicas, mas ele parece que não compreende o que ela quer dizer – e ela não quer dizer a coisa em si, porque talvez não seja politicamente correto. (Quem sabe ela tenha medo de um processo judicial, ele imaginou, anos depois, caindo uma ficha fantasma na cabeça.) Seria melhor para ela se o pai entendesse e, de bom grado, com mesuras e agradecimentos, levasse o filho para bem longe dali; como ele não entende, ela terá de lhe dizer, com toda a clareza (p. 150-56).

Comentário: Nestes parágrafos, o que vemos é uma ampliação do campo de possibilidades e ações, com a progressiva entrada do filho em um universo social que transcende os limites da própria casa e da família mais próxima. A escola começa a aparecer como uma força ambígua, que ao mesmo tempo se esforça para aceitar Felipe em nome de "uma cartilha de boas intenções humanistas", mas o rejeita quando seus limites se revelam estreitos demais para a manutenção do filho naquele espaço. A natação parece aceitá-lo mais abertamente, mas as ressalvas feitas pelo pai de que as competições seriam um "pequeno inferno de parentes angustiados para disfarçar o mal-estar daquele pátio de milagres em que todos sorriem sem alegria" tampouco o situam em um campo plenamente socializante.

Talvez ainda mais importante, contudo, seja o fato de que aqui o narrador começa a dar a Felipe um poder de ação quase inexistente até o momento. O menino já não figura no livro como um ser inerte sobre o qual os outros devem agir, mas, ao contrário, "o filho já não faz as coisas porque não pode fazer diferente, mas porque escolhe fazê-las; é capaz de escolhê-las". Essa é uma transformação crucial para o equilíbrio da trama, uma vez que é a partir dela que o filho poderá cumprir uma das exigências básicas colocadas pelo pai ao início da narrativa, a de conquistar seu papel de filho. Paralelamente, "o peso da civilização, esse misterioso conjunto de regras invisíveis" já não se apresenta como um antagonista a ser superado, como fora percebido em boa parte da juventude do pai, mas coloca-se como uma opção viável, quase uma solução, para que o filho supere suas dificuldades e se afirme como filho e como indivíduo.

★

Só descobriu a dependência que sentia pelo filho no dia em que Felipe desapareceu pela primeira vez. É, talvez, ele refletirá logo depois, ainda em pânico, dando corda à sua rara vocação dramática, que agora lhe toma por inteiro, a pior sensação imaginável na vida – quase a mesma sensação terrível do momento em que o filho se revelou ao mundo, da qual ele jamais se recuperará completamente, repete-se agora ao espelho, com intensidade semelhante, mas não se trata mais do acaso. Desta vez, ele não tem álibi: o filho está em suas mãos. E há que preencher aquele vazio que aumenta segundo a segundo, com alguma coisa, qualquer coisa – mas estamos despreparados para o vazio. O sentimento de despreparo nunca é súbito, não é um desabamento – é o fim de uma escalada mental que vai queimando todos os cartuchos da razão até, aparentemente, não sobrar nenhum, e então a ideia de solidão deixa de ter o charme confortável de uma ideia e ocupa inteira a nossa alma, em que não caberá mais nada, exceto, quem sabe, a coisa em si que ele parece procurar tanto: o sentimento de abismo. (Não se mova, que dói.)

Esse é o retrospecto desenhado com calma, quase vinte anos depois. No momento, tudo é de uma banalidade absurda – cadê o menino? –, que logo se perde em outros afazeres, até voltar ao ponto – ele estava aqui, vendo televisão –, e o apartamento não é tão grande assim para uma criança se esconder, o que ele nunca fez, aliás. Na televisão ligada, que conferiu como um Sherlock buscando pistas (e as pistas estavam ali, mas ele não soube perceber), os estranhos heróis japoneses desenhados naquele traço primário e agressivo que o pai (criado por Walt Disney) detesta mas o filho ama numa paixão absurda; de tal modo que, trissômico, é capaz de compreender toda aquela complexa hierarquia mitológica de seres (que se desdobram em álbuns, revistas, figurinhas, bonecos, fitas de vídeo, sorteios, camisetas, discos, livros de desenho), repetir os seus nomes (que o pai não entende – os nomes dos personagens já são esquisitos e além disso a linguagem continua dolorosamente atrasada no desenvolvimento do filho), gritar os seus gritos de guerra e representar interminavelmente sobre o sofá da sala o teatro daquela teogonia universal, com bonequinhos coloridos que falam, movem-se, lutam, vivem e morrem horas e horas e horas a fio nos dedos do filho, debaixo de uma sonoplastia incompreensível – a voz do filho reproduz bombas, explosões, discussões (mudando de tom a cada mudança de personagem), ordens de comando, respostas imediatas, lutas medonhas e mortes terríveis. Tudo incompreensível. Só a irmã, parece, entende o que ele diz, cuidando das coisas dela, mas com o ouvido atento – e frequentemente promove ela mesma outro teatro, como atriz e diretora de cena, reproduzindo sem saber a vida que leva, teatro e vida são a mesma coisa, e de certo modo trazendo à realidade o irmão que, dócil, sempre aceita de bom grado os papéis que tem de assumir, que são sempre o dele mesmo, incrivelmente paciente com a paciência eventual da irmã. "Você fique aqui! Irmão, não saia daí! Eu sou tua mãe! Isso, bem assim! Muito bem!" Como o pai nunca fala a ninguém do problema do filho, ele também, ao entrar na escola, não comentará jamais com ninguém a esquisitice do irmão – anos depois, a professora relembrará esse silêncio estratégico, que fielmente reproduzia o silêncio paterno. Como se a educação fosse um processo inconsciente – o mais importante corre na sombra, antes na didática dos gestos, da omissão e da aura que nos discursos edificantes, lógicos e diretos (p. 161-63).

Comentário: Neste episódio fundamental do desaparecimento de Felipe, em que o menino sai de casa e perambula pelas ruas até ser encontrado e devolvido ao pai pela polícia, o filho é, pela primeira vez em toda a narrativa, descrito como uma falta e não como um excesso. Caem então por terra os últimos resquícios das esperanças iniciais do pai de que o filho, por ser portador da síndrome, morresse cedo. Em outras palavras, confirma-se a sensação já esboçada de que o filho de fato conquistou seu lugar junto ao pai e junto à família – como ocorre com a irmã –, ainda que esse lugar vá ser por vezes estrategicamente ocultado. É somente após essa conclusão preliminar de que, se ter o filho é difícil, não o ter é ainda pior, que se tornará possível a conclusão desta narrativa de aceitação de Felipe.

★

O tempo. O pai tenta descobrir sinais de maturidade no seu Peter Pan e eles existem, mas sempre como representação. Na exposição de quadros promovida pela professora do ateliê num shopping da cidade, onde toda a turma passou o dia, Felipe não quis assistir ao último desenho de Walt Disney, *Os Sem-Floresta*, porque "é filme de criança". Ao mesmo tempo, é capaz de ficar dez horas seguidas (se não for arrancado de lá) em frente ao computador jogando *Asterix e Obelix*, resmungando interminavelmente e irritando-se quando não consegue passar para a próxima fase. Ou assistir todas as noites, antes de dormir, às *Meninas Superpoderosas*.

O menino sente muita dificuldade para aceitar novidades ou mudanças de rotina, preferindo sempre o que já conhece, até o fim, até que descubra que a novidade pode ser interessante. Nesse universo repetitivo, o futebol foi lentamente se transformando num estímulo poderoso. [...]

O futebol tem todas as qualidades para isso, suspira o pai, tentando pensar ao contrário do que pensa para descobrir alguma coisa nova. Antes de tudo, a afirmação de uma noção de "personalidade" que o seu time representa, incluindo aí o dom terrivelmente difícil de lidar com a frustração – a derrota. [...] A noção de novidade: ao contrário do joguinho da Fifa, que ele roda no computador praticamente sem pensar, repetindo milhares de vezes os mesmos lances, uma partida real é (quase) sempre imprevisível, o que dá uma dimensão maravilhosa à ideia de "futuro", não mais apenas alguma coisa que ele já sabe o que é e que vai repetir em seguida, para todo o sempre. [...] A milimétrica abstração entre o agora e o depois passou enfim a fazer parte da vida do menino; um campeonato de futebol é a teleologia que ele nunca encontrou em outra parte.

E o jogo tem mais qualidades, o pai conta nos dedos: a socialização. O mundo se divide em torcedores, e por eles é possível classificar nitidamente as pessoas – sempre que chega alguém desconhecido em casa, ele pergunta seu time. [...] O conceito de campeonato – as partidas, para o Felipe, já não são mais eventos avulsos, sem relação entre si; pela noção de torneio, finalmente a ideia de calendário entra na sua cabeça; como na Bíblia, o mundo se divide em partes que se sucedem até a "batalha final". [...]

Mas há um outro ponto, outra pequena utopia que o futebol promete – a alfabetização. É a única área em que seu filho tem algum domínio da leitura, capaz de distinguir a maioria dos times pelo nome, que depois ele digitará no computador para baixar os hinos de cada clube em mp3, e que cantará, feliz, aos tropeços. [...] Ele jamais fará companhia ao meu mundo, o pai sabe, sentindo súbita a extensão do abismo, o mesmo de todo dia (e, talvez, o mesmo de todos os pais e de todos os filhos, o pai contemporiza) – e, no entanto, o menino continua largando-se no pescoço dele todas as manhãs, para o mesmo abraço sem pontas" (p. 218-21).

Comentário: Nesta passagem, já nas últimas páginas do livro, o recurso à predileção do filho pelo futebol é utilizado para listar, de maneira quase pedagógica, os diversos níveis de abstração e integração social atingidos pelo filho ao longo dos anos. Poucos parágrafos antes do fim da narrativa, o narrador como que a fecha ao descrever de que modo o filho, a despeito de todas as dificuldades, chegou a um desenvolvimento bastante satisfatório e, sobretudo, estabeleceu com o pai uma relação que pautou o desenvolvimento de ambos. Se o pai ainda sente "súbita a extensão do abismo", em seguida lhe ocorre que talvez este seja o caso "de todos os pais e de todos os filhos". Com essa nota positiva e conclusiva, a narrativa pode, enfim, chegar a seu fecho.

LEITURAS DE APROFUNDAMENTO

Em virtude de sua recente data de publicação, *O Filho Eterno* não possui ainda uma fortuna crítica extensa e consistente. As leituras de aprofundamento que se seguem, portanto, referem-se tanto a obras significativas aos tópicos abordados ao longo deste trabalho quanto, em menor escala, à obra de Tezza. Comecemos pela última.

1. Sobre O Filho Eterno e a obra de Tezza

www.cristovaotezza.com.br. O website oficial de Tezza é, seguramente, uma das fontes mais completas de trabalhos de e sobre o autor. Além de uma biografia, fotografias e informações detalhadas sobre suas publicações, no Brasil e no exterior, a página contém uma parcela substancial de críticas e resenhas às suas obras, bem como entrevistas e links para artigos, monografias e dissertações de mestrado. O leitor poderá encontrar ainda textos escritos pelo próprio Tezza, entre contos, crônicas, resenhas e ensaios.

SCHØLLHAMMER, Karl Erik. *Ficção Brasileira Contemporânea*. Rio de Janeiro: Civilização Brasileira, 2009. Um dos mais completos trabalhos surgidos até o momento sobre o campo aludido no título discute conceitos como pós-modernidade e contemporaneidade, além de tratar de diversos subgêneros e temas ficcionais praticados no Brasil nas últimas décadas. Ao discorrer acerca do chamado "retorno do autor" e da autoficção, Schøllhammer faz uma leitura de O Filho Eterno por esse viés.

CARNEIRO, Flavio. *No País do Presente: Ficção Brasileira no Início do Século XXI*. Rio de Janeiro: Rocco, 2005. Ainda que anterior à publicação de O Filho Eterno, No País do Presente une bons ensaios sobre a ficção brasileira no fim do século XX e início do XXI a uma ampla gama de capítulos sobre livros publicados no início dos anos 2000, originalmente como resenhas para jornais. A obra de Tezza analisada é *O Fotógrafo*, romance imediatamente anterior a O Filho Eterno.

Ademais, trabalhos acadêmicos sobre o livro vêm sendo produzidos. Dois exemplos que não constam no site do autor são:

MAGALHÃES JR., Calibar Pereira. *O Conceito de Exotopia em Bakhtin: Uma Análise de* O Filho Eterno, *de Cristovão Tezza*. Curitiba: Universidade Federal do Paraná, 2010 (dissertação de mestrado). Neste trabalho, são analisados diversos conceitos bakhtinianos, sobretudo o de exotopia, com base no romance em questão, ou seja, trata-se de um trabalho que focaliza, de um ponto de vista interno, a obra desse autor de extrema importância para o projeto intelectual de Tezza, tanto acadêmico quanto ficcional, que foi Mikhail Bakhtin.

ARAÚJO, Pedro Galas. *Trato Desfeito: O Revés Autobiográfico na Literatura Contemporânea Brasileira*. Brasília: Universidade de Brasília, 2011 (dissertação de mestrado). Ainda que trate de um tema mais amplo, o da guinada autobiográfica na ficção brasileira ao redor dos anos 2000, tratando de autores como Bernardo Carvalho, Sérgio Santa'Anna e Marcelo Mirisola, Araújo trata também de *O Filho Eterno*, em conjunto com o romance *Chove sobre Minha Infância*, de Miguel Sanches Neto.

2. SOBRE OS TEMAS ABORDADOS

Autoficção

LEJEUNE, Philippe. *O Pacto Autobiográfico*. Belo Horizonte: Ed. UFMG, 2008. Ainda que não trate diretamente do tema da autoficção, até mesmo por ter sido primeiramente publicada antes que o termo fosse cunhado, esta é uma obra fundamental para entender as discussões empreendidas nas últimas décadas acerca das escritas de teor autobiográfico.

GASPARINI, Philippe. *Autoficcion: Une Aventure du Language*. Paris: Seuil, 2008. Obra extensa que percorre boa parte das discussões sobre o escopo e os limites da autoficção. Ao abordar as diversas ideias, publicações e polêmicas empreendidas desde os anos de 1970, Gasparini traça um panorama bastante completo da trajetória do gênero.

KLINGER, Diana. *Escritas de Si, Escritas do Outro: O Retorno do Autor e a Virada Etnográfica*. Rio de Janeiro: 7Letras, 2007. Obra pioneira nos estudos de autoficção no Brasil, trata do campo mais amplo das "escritas de si", em que a autoficção está incluída. Apesar de não tratar diretamente da obra de Tezza, apresenta uma abordagem bastante interessante de obras contemporâneas brasileiras.

AZEVEDO, Luciene. "Autoficção e Literatura Contemporânea". *Revista Brasileira de Literatura Comparada*, São Paulo, v. 12, 2008, p. 31-49. Disponível em: http://www.abralic.org.br/revista/2008/12. Todo o volume da revista em questão gira em torno das "escritas de si" e de temas adjacentes. Neste artigo, Azevedo traça um panorama da autoficção para o público brasileiro, visitando muitos dos autores abordados por Gasparini, no mesmo ano em que sua obra era publicada na França. A autora trata ainda de blogs e autores que iniciaram suas carreiras nos anos 2000.

Bildungsroman

LUKÁCS, Georg. "*Os Anos de Aprendizado de Wilhelm Meister* como Tentativa de Síntese". In: *A Teoria do Romance*. São Paulo: Duas Cidades/Editora 34, 2000, p. 138-50. Nessa obra clássica não apenas do estudo do *Bildungsroman*, mas do gênero romance como um todo, Lukács dedica o capítulo em questão a investigar o romance de formação a partir da obra *Os Anos de Aprendizado de Wilhelm Meister*, de

Goethe, definindo a temática dessa forma como a tentativa de reconciliação do indivíduo problemático com a realidade social.

MORETTI, Franco. *The Way of the World: The* Bildungsroman *in European Culture*. Londres: Verso, 1987. Livro influente nos atuais estudos dedicados ao *Bildungsroman*, aborda o gênero em perspectiva tanto histórica quanto narrativa, definindo-o como um dos gêneros por excelência da modernidade, pela exaltação da juventude que lhe é típica. Ao mesmo tempo, aponta para um possível esgotamento do gênero em princípios do século XX.

Ainda que tratem do *Bildungsroman* em contextos específicos e a respeito de determinadas obras, alguns estudos brasileiros significativos na área são:

MAAS, Wilma Patricia Marzari Dinardo. *O Cânone Mínimo: O* Bildungsroman *na História da Literatura*. São Paulo: Ed. Unesp, 2000. Apresenta ao público brasileiro a trajetória do gênero, com foco em sua origem, desenvolvimento e influência na sociedade alemã, desde a publicação de *Wilhelm Meister*.

PINTO, Cristina Ferreira. *O Bildungsroman Feminino: Quatro Exemplos Brasileiros*. São Paulo: Perspectiva, 1990. Estuda o desenvolvimento do gênero a partir de uma perspectiva feminina, em contraposição ao caráter masculino que vinha acompanhando a maior parte dos estudos até então. Para tanto, aborda obras de Lúcia Miguel Pereira, Rachel de Queiroz, Clarice Lispector e Lygia Fagundes Telles.

MAZZARI, Marcus Vinicius. *Romance de Formação em Perspectiva Histórica*: O Tambor de Lata *de Günter Grass*. São Paulo: Ateliê Editorial, 1999. Ainda que se concentre no romance de Grass, Mazzari traça também um panorama mais amplo do gênero.

O duplo

RANK, Otto. "Le Double". In: *Don Juan et le Double*. Paris: Petite Bibliothèque Payot, 1973. Ainda que pense o tema do duplo por um viés psicanalítico, neste ensaio Otto Rank aborda diversas obras literárias, o que o torna um trabalho interessante também para os estudos literários. Notemos que o duplo é tema de frequentes abordagens psicanalíticas e figura também, por exemplo, no ensaio "O Estranho", de Sigmund Freud.

TODOROV, Tzvetan. *Introdução à Literatura Fantástica*. São Paulo: Perspectiva, 2008. Neste clássico estudo sobre a literatura fantástica, Todorov aponta duplos e duplicações como temas persistentes no gênero, situando-os nos "temas do olhar".

SLETHAUG, Gordon E. *The Play of the Double in Postmodern America Fiction*. Carbondale: Southern Illinois University, 1993. Neste livro, Slethaug investiga desdobramentos pós-modernos do duplo, aproximando para tanto diversos autores da segunda metade do século XX e procurando relativizar a rigidez das oposições binárias, já em um momento posterior às escolas pós-estruturalistas.

DADOS INTERNACIONAIS DE CATALOGAÇÃO NA PUBLICAÇÃO (CIP)
(CÂMARA BRASILEIRA DO LIVRO, SP, BRASIL)

Saramago, Victoria
    O Filho Eterno. O duplo do pai: o filho e a ficção de Cristovão
Tezza / Victoria Saramago. – São Paulo: É Realizações, 2013.
(Biblioteca Textos Fundamentais)

    ISBN 978-85-8033-146-2

    1. Literatura brasileira 2. Tezza, Cristovão - Crítica e interpretação
I. Título. II. Série.

13-10502   CDD-869.909

ÍNDICES PARA CATÁLOGO SISTEMÁTICO:
    1. Literatura brasileira : História e crítica   869.909

Este livro foi impresso pela Edições Loyola para É Realizações, em outubro de 2013. Os tipos usados são da família Bembo e Antique Roman. O papel do miolo é alta alvura 90g e o da capa, cartão supremo 250g.